Gabriele Bäck • Natalie Bayer-Chisté • Michaela Hajszan

TAGEIN TAGAUS

Kindergartenalltag macht Kinder kompetent

G&G

Mit Bescheid des Bundesministeriums für Bildung, Wissenschaft und Kultur, GZ 47.805/1-V/1/01, gemäß § 14 Abs. 2 und 5 des Schulunterrichtsgesetzes, BGBl. Nr. 472/86, und gemäß den derzeit geltenden Lehrplänen als für den Unterrichtsgebrauch an Bildungsanstalten für Kindergartenpädagogik für die 2. bis 4. Klasse und an Kollegs für Kindergartenpädagogik für das 1. bis 4. Semester im Unterrichtsgegenstand Didaktik geeignet erklärt.
BNR 110198

An dieser Stelle möchten wir betonen, dass aus Gründen der besseren Lesbarkeit und des überwiegenden Anteils von Frauen in diesem Berufsfeld die Bezeichnungen Kindergartenpädagogin bzw. Kindergartenpädagog/innen gewählt wurden. Selbstverständlich sind damit auch männliche Kindergartenpädagogen gemeint. Wir wünschen uns ausdrücklich, dass Kinder im Kindergarten öfter die Gelegenheit erhalten, durch die Interaktion mit männlichen Bezugspersonen ihre sozialen Erfahrungsräume zu erweitern.

www.ggverlag.at

ISBN 978-3-7074-0632-0

2. Auflage 2006, Nachdruck 2014 (2,03)
Umschlagfoto: Michaela Hajszan
Illustrationen: Elena Kratzer

Printed by Brüder Glöckler, Wöllersdorf

Zum Geleit

Tagein, tagaus stehen Kindergartenpädagog/innen für Kinder und deren Eltern zur Verfügung. Sie bringen nicht nur ihre Professionalität, sondern auch ihre Persönlichkeit in diesen verantwortungsvollen Beruf ein. Von Zeit zu Zeit brauchen auch sie neue Impulse und Ideen, den Kindergartenalltag anregend und interessant zu gestalten.

Dieses gut verständliche Buch bietet viele praktische Anregungen, das tägliche Engagement für Kinder zu überdenken und das Zusammenleben aus einer neuen transaktionalen Perspektive zu gestalten. Damit ist eine Absage an jegliche Form von Beschäftigungspädagogik verbunden und eine Hinwendung zum Kind gemeint - zur Beobachtung seines Verhaltens und zum Verständnis seiner Bedürfnisse. Die Kindergartenpädagogin begreift sich heute als Entwicklungspartnerin des Kindes und gibt ihm Zeit und Muße, sich mit sich selbst und seiner Umwelt auf selbst bestimmte Weise auseinander zu setzen.

Manche neue Sichtweisen, die in diesem Buch enthalten sind, werden Diskussionen in Fachkreisen hervorrufen und das ist gut so! Denn Bildung und Erziehung sind dynamische Prozesse, die sich durch wissenschaftliche Erkenntnisse und gesellschaftliche Entwicklungen verändern. Dazu leistet dieses Buch des jungen Autorinnenteams einen erfrischenden Beitrag!

Waltraut Hartmann
(Wissenschaftliche Leiterin des Charlotte Bühler-Instituts)

In der neuen entwicklungspsychologischen Forschung wird schon dem sehr jungen Kind ein hohes Maß an Kompetenz und Selbststeuerung zugeschrieben. Das Kind gestaltet seine Entwicklung selbst und geht von den ersten Lebensjahren an aktiv, einfallsreich und mit allen Sinnen daran, die Welt auf seine spezifische Weise zu begreifen.

Diese Vorstellung vom Kind und seiner Entwicklung fordert zum Überdenken der Erziehungs- und Bildungsarbeit im Kindergarten und zur kritischen Auseinandersetzung mit der Gestaltung des pädagogischen Alltags heraus.

Im vorliegenden Buch werden typische Alltagssituationen im Kindergarten lebendig beschrieben und aus transaktionaler Sicht analysiert. Dabei wird deutlich, dass es tagein, tagaus vielfältige Möglichkeiten gibt, Kinder zum eigenständigen Handeln und Mitgestalten, zum Mitentscheiden und Mitverantworten anzuregen.

Die Erfahrungen, die Kinder in diesen Alltagssituationen machen, sind bestimmend für den Aufbau eines positiven Selbstkonzepts und für die Entwicklung von Basiskompetenzen zur Bewältigung heutiger und künftiger Lebenssituationen.

Wenn die Eingewöhnung in eine neue Gemeinschaft sensibel gestaltet wird, wenn Kinder in Entscheidungen miteinbezogen werden, wenn auf Grundbedürfnisse wie Essen und Schlafen individuell eingegangen wird, wenn „Schmetterlinge im Bauch" als Beitrag zur Entwicklung einer Konfliktkultur thematisiert werden, spiegelt sich ein Bildungsverständnis wider, das von der Achtung und dem Respekt vor dem Kind geprägt ist.

Insofern sind Alltagssituationen wertvolle Bildungssituationen, die allen anderen pädagogischen Angeboten gleichwertig sind. Sie beeinflussen das Zusammenleben in der Gruppe und die Qualität der Beziehungen und tragen zum Aufbau von Selbst-, Sozial- und Sachkompetenz bei.

Ich wünsche den Pädagog/innen, dass dieses Buch sie zu einer Entdeckungsreise durch den eigenen Kindergartenalltag anregt und tagein, tagaus neue Perspektiven für ihre Bildungsarbeit eröffnet.

Gerlinde Strasser
(Vorsitzende des Charlotte Bühler-Instituts)

Einleitung

Der Kindergarten ist ein Ort der Bildung und Begegnung. Bildung findet in vielfältigen Situationen statt: in den Beziehungen, die im Kindergarten gelebt werden, in der Gestaltung des alltäglichen Tagesablaufes und in Projekten während des Kindergartenjahres.

In diesem Buch wollen wir uns mit den Möglichkeiten, den Alltag als Bildungssituation zu nützen, auseinander setzen. Wir wollen aufzeigen, wie wichtig die pädagogischen Überlegungen zum täglichen Miteinander sind und welche Chancen und Potenziale darin stecken. Alltag sollte lustbetont, abwechslungsreich und flexibel gestaltet werden. Die Bedürfnisse und Wünsche der Kinder stehen im Mittelpunkt. Dafür ist vor allem ZEIT notwendig: Zeit für die Kindergartenpädagogin zur sorgfältigen Planung und Reflexion der Alltagsprozesse; Zeit für die Kinder, um sich eigenständig mit ihrer Umwelt auseinander zu setzen, Erfahrungen zu verarbeiten, sich selbst einzubringen und Kompetenzen zu entwickeln.

Unsere Überlegungen bauen auf dem Konzept der transaktionalen Prozesse nach Oerter (1995) auf. Im Buch „Bildungsqualität im Kindergarten" (Hartmann, Stoll, Chisté & Hajszan, 2000) werden diese Prozesse als Grundlage für die pädagogische Arbeit im Kindergarten herangezogen. Planung und Reflexion im Kindergarten werden dadurch verändert. Mit Hilfe des Transaktionsansatzes können Wechselbeziehungen zwischen Kindern und Umwelt auch im Kindergartenalltag transparent gemacht werden.

Grundlage für die Umsetzung in den Kindergartenalltag ist, dass die Kindergartenpädagogin eine wertschätzende Teamatmosphäre und die Unterstützung durch die Leiterin erlebt.

Transaktionale Prozesse äußern sich nicht nur in Produkten. Sie wirken sich auf die Haltungen und Einstellungen der Kinder aus und unterstützen sie dabei, kompetent zu werden. Diese Prozesse sind für Eltern nicht immer sichtbar, daher sollten sie durch Elternarbeit bewusst gemacht werden. Die Konzeption, in der unter anderem die pädagogischen Zielsetzungen eines Kindergartens schriftlich festgehalten werden, sollte das Potenzial und die Entwicklungschancen, die der Alltag für die Kinder bietet, für die Eltern und die Öffentlichkeit darstellen.

Die Autorinnen wünschen viel Spaß
beim Lesen und bei der Umsetzung!

Theoretischer Hintergrund

Neueste Erkenntnisse aus der interdisziplinären Forschung betonen eine kulturökologische Sichtweise der kindlichen Entwicklung: Die aktive Auseinandersetzung des Kindes mit seiner Umwelt bildet die Grundlage für seine Entwicklung und die Ausbildung und Differenzierung seiner Kompetenzen.

In der Pädagogik stehen nicht mehr primär die Bildungsziele und -inhalte, sondern immer mehr die Prozesse, die der Bildung zu Grunde liegen, im Zentrum der Aufmerksamkeit: Nicht das „Was“ steht im Vordergrund, sondern das „Wie“ bzw. „Warum” erhält mehr Gewicht. Die Methodik der Bildungsvermittlung und die Interaktionen, die zwischen Kindern und ihrer Umwelt stattfinden, gewinnen stark an Bedeutung. Das Konzept der Transaktion setzt sich mit diesen Prozessen auseinander.

Kompetenzentwicklung im Kindergarten

Das Bild, das wir uns von Kindern machen, ist von ausschlaggebender Bedeutung dafür, wie wir mit Kindern umgehen und wie wir die Bildungsarbeit im Kindergarten gestalten. Neue wissenschaftliche Ergebnisse in der Psychologie und Pädagogik führen uns auf beeindruckende Weise vor Augen, welch großes Potenzial Kinder besitzen, ihre Entwicklung selbst und aktiv voranzutreiben.

Wenn wir diese wissenschaftlichen Ergebnisse ernst nehmen und in unsere Beziehungsgestaltung mit Kindern einfließen lassen, können wir sehr viel zu ihrer selbstständigen und verantwortungsvollen Lebensbewältigung beitragen.

Was heißt eigentlich Kompetenz?

Anforderungen aktiv und wirkungsvoll bewältigen

Kompetenz ist ein Persönlichkeitsmerkmal, das die Fähigkeiten eines Menschen umfasst, mit verschiedenen Situationen und Anforderungen seiner Umwelt auf eine aktive und wirkungsvolle Weise umzugehen. Kompetent zu sein ist nach White (1959) ein Grundbedürfnis, das sich z. B. in dem Wunsch eines Kindes, Probleme zu meistern, ausdrückt.

Je kompetenter ein Kind ist, umso eigenständiger und selbstbestimmter kann es handeln. Es hat die Möglichkeit, sich selbst Ziele zu setzen und damit seine eigene Entwicklung zu gestalten und voranzutreiben. Sein

Vertrauen in sich selbst

Vertrauen in die eigenen Fähigkeiten und die Wertschätzung durch sich selbst und die Umgebung sind wichtige Bestandteile für die Ausbildung seiner Kompetenzen. Je mehr Vertrauen ein Kind durch seine Bezugspersonen erfährt, je mehr entwicklungsgemäße Unterstützung zur Aus- und Weiterentwicklung seiner Fähigkeiten angeboten werden und je mehr positive Rückmeldung das Kind erlebt, umso sicherer wird es hinsichtlich seiner Kompetenzen werden.

In der pädagogischen Forschung hat sich die Einteilung der entsprechenden Fähigkeiten eines Kindes in

- Selbstkompetenz
- Sozialkompetenz und
- Sachkompetenz durchgesetzt (Roth, 1968).

Alltagssituationen nützen

Im Kindergartenalltag kann die Kompetenzentwicklung gefördert werden, indem die Vorschläge, Bedürfnisse und Ideen der Kinder im täglichen Miteinander aufgegriffen, ernst genommen und berücksichtigt werden. In Alltagssituationen können Selbst-, Sozial- und Sachkompetenz gleichzeitig entwickelt werden, denn es findet ein ständiger Wechselwirkungsprozess dieser einzelnen Fähigkeiten – allerdings mit jeweils unterschiedlicher Gewichtung – statt. Darum kann auch die Trennung zwischen Bildungs-, Erziehungs- und Betreuungssituationen nicht mehr aufrecht erhalten werden. Diese umfassende und ganzheitliche Sicht des pädagogischen Geschehens im Kindergarten gewährleistet eine hohe Bildungsqualität im Kindergarten.

Ich bin ich und ich bin wichtig

Selbstkompetenz

Selbstkompetenz bedeutet, dass sich ein Kind als eigenständiger Mensch empfindet und erkennt. Je mehr ein Kind über sich weiß – also seine eigenen Fähigkeiten einschätzen kann – umso eher kann es für sich selbst Verantwortung übernehmen und Entscheidungen treffen.
Zur Entwicklung der Selbstkompetenz gehört auch, sich eine Perspektive von der Außenwelt zu schaffen, um eigene Positionen zu finden. Kinder müssen in vielfältigen Situationen lernen, sich mit der Umwelt auseinander zu setzen, sich von ihr abzugrenzen und Sicherheit und Flexibilität im Umgang mit der Umgebung und sich selbst zu erlangen.

Wertfrei angenommen werden

Grundlegend für die Entwicklung der Selbstkompetenz ist, dass Kinder angenommen werden, wie sie sind und nicht bestimmte Leistungen erbringen müssen, um geliebt zu werden. Sie sollten ihre Bedürfnisse, Gefühle und Gedanken verbal und nonverbal ausdrücken dürfen. Diese Mitteilungen sollten von den Bezugspersonen der Kinder – also auch von der Kindergartenpädagogin – wertfrei aufgenommen werden. Wenn Kinder die Erfahrung machen, mit ihren Gefühlen und Interessen angenommen zu werden und genug Raum und Zeit erhalten, diese auch auszuleben und auszudrücken, werden sie zu mehr Selbstsicherheit und Selbstkompetenz finden.

Differenzierte Sinneserfahrungen

Weiters brauchen Kinder zur Entwicklung von Selbstkompetenz vielfältige Sinneserfahrungen, eine anregungsreiche Umwelt und eine Umgebung, in der sie ihren Bewegungsdrang ausleben können. Durch diese diffenzierten Erlebnis- und Erfahrungsmöglichkeiten werden die Sinne geschult und das Körperschema entwickelt. Damit werden Kinder in ihrem abstrakten Denken flexibler und unabhängiger. Selbstständiges Handeln, die Erfahrung von Erfolgserlebnissen und die Anerkennung durch die Bezugspersonen fördern die Identität des Kindes und sein Selbstvertrauen.
In der Folge werden einige Selbstkompetenzen beispielhaft angeführt:

- Selbstständigkeit und Selbstvertrauen
- Ausdauer und Konzentrationsfähigkeit
- Körperbewusstsein
- Fähigkeit zur Abgrenzung
- Kreativität und Fantasie

Sozialkompetenz

Sozialkompetenz meint die Fähigkeit, in sozial, kulturell, gesellschaftlich und politisch relevanten Bereichen urteils- und handlungsfähig zu sein. Kinder profitieren von vielseitigen sozialen Erfahrungen, wie etwa dem Spiel mit Gleichaltrigen, Erwachsenen, Geschwistern, Nachbarskindern usw. Der Kontakt mit Menschen aus unterschiedlichen Kulturen, Religionen sowie sozialen Gegebenheiten kann dabei besonders bereichernd sein.

Miteinander leben und lernen

Durch das Zusammenleben in der Gruppe lernen Kinder, Ansprüche anderer zu berücksichtigen und aufeinander abzustimmen. Das erfordert von ihnen zunehmend die Fähigkeiten der Empathie und Toleranz, aber auch den Umgang mit Ablehnung, Kränkung und Kritik. Für das Miteinander ist eine gemeinsame Kommunikations- und Konfliktkultur wichtig. Sozialkompetenz umfasst die Fähigkeiten einander zuzuhören, eigene Gefühle auszudrücken, eigene Bedürfnisse durchzusetzen oder aufzuschieben sowie die eigenen Grenzen zu wahren. Diese Fähigkeiten können besonders gefördert werden, wenn man Kinder aktiv in die Planung von

Toleranz und Konfliktkultur

Regeln und Normen für das Miteinander einbezieht.
Kinder sollen die Erfahrung machen können, selbst jemand zu sein, der Anerkennung findet, der einer Gruppe angehört, der Mitverantwortung tragen kann und der Regeln akzeptiert (Roth, 1968).
Die Aneignung von Wissen über sich selbst und die dingliche Umwelt erfolgt zumeist in der Auseinandersetzung mit der sozialen Umwelt.
Daher ist die soziale Kompetenz eine wichtige Voraussetzung zur Ausdifferenzierung von Selbst- und Sachkompetenz (Van Aken, 1992). Eltern und Pädagog/innen sollten deshalb besonders darauf achten, dass Kinder zunehmend flexibel im Umgang mit neuen sozialen Anforderungen und Situationen werden.
In der Folge werden einige Sozialkompetenzen beispielhaft angeführt:

- Verantwortungsgefühl
- Partnerschaftliches Rollenverständnis
- Konfliktkultur
- Achtung und Respekt vor anderen
- Selbstbehauptung

Der Weg zum Wissen

Sachkompetenz

Sachkompetenz bedeutet die Fähigkeit, Informationen und Anregungen aus der Umwelt aufzunehmen, das erworbene Wissen und Können zu eigenen Erfahrungen in Beziehung zu setzen und im Alltag anzuwenden. Der Kindergartenalltag bietet Kindern vielfältige Möglichkeiten, sich handelnd und experimentierend mit den Dingen und Vorgängen ihrer Umgebung auseinander zu setzen.

Fertigkeiten erwerben

Sachkompetenz beinhaltet auch die Neugierde und das Interesse der Kinder, die sie dazu motivieren, sich aktiv mit Materialien zu beschäftigen und Wissen zu erwerben, z. B. über Natur- und Kulturvorgänge, Sprache oder technische Zusammenhänge. Der Umgang mit Geräten, der Erwerb technischer Fertigkeiten und das kreative Tun unterstützen Kinder dabei, Wirkungszusammenhänge zu erkennen.

Begriffe erlernen

Wichtig ist es, die erlebten Erfahrungen auch begrifflich erfassen zu können. Sprachliche Begriffe dienen dem Kind als Instrumente seines Denkens und Handelns, durch die die Aufnahme und Verarbeitung neuer Informationen erfolgen kann.
In der täglichen Kommunikation mit anderen Kindern und Erwachsenen lernen die Kinder, ihre Umwelt sprachlich zu strukturieren. Dies ist wichtig für die Entwicklung der Lern- und Problemlösefähigkeit. Die Kinder lernen, eigene

Vorhaben zu planen, zu beschreiben und zu realisieren, Zusammenhänge zwischen ähnlichen Problemen und Situationen zu erkennen, Gesetzmäßigkeiten zu erfassen und neue Strategien zu verbalisieren.

Merkfähigkeit ausbilden

Sachkompetenz umfasst weiters die Fähigkeit, Wissen zu speichern und abzurufen sowie Merk- und Gedächtnisstrategien ausbilden zu können. Wichtig ist nicht, dass sich Kinder alles merken, sondern dass sie in der Lage sind, wichtige Inhalte auszuwählen, um sich das Wissen bei Bedarf verfügbar machen zu können.

In der Folge werden einige Sachkompetenzen beispielhaft angeführt:

- Planen und Umsetzen eigener Ideen
- Handlungskompetenz
- Technische und physikalische Grundkenntnisse
- Kennen von sprachlichen Begriffen
- Umgang mit Geräten und Werkzeug

Das Konzept der Transaktion

Wie in dem neuen Bildungskonzept für den Kindergarten (Hartmann, Stoll, Chisté & Hajszan, 2000) gezeigt wird, stehen in der entwicklungspsychologischen Forschung in jüngster Zeit die Austauschprozesse, die zwischen Mensch und Umwelt stattfinden, im Zentrum der Aufmerksamkeit. Mensch und Umwelt werden als Entwicklungspartner und als unauflösliche Einheit betrachtet.

Kind und Umwelt als Entwicklungspartner

Mit dem Begriff der Transaktion ist die Wechselwirkung gemeint, die die Auseinandersetzung des Menschen – eines Kindes oder eines Erwachsenen – mit seiner Umwelt charakterisiert: Der Mensch verändert die Umwelt, die wiederum gleichzeitig verändernd auf ihn einwirkt. Diese ständige wechselseitige und ineinander verflochtene Anpassung zwischen Mensch und Umwelt kann mit einem Reißverschlussprinzip verglichen werden (Wolf, 1995).

Der Begriff Umwelt geht hier weit über die materielle Umgebung, wie sie beispielsweise im Kindergarten durch die Raumgestaltung und die verschiedenen Materialien gegeben ist, hinaus. Vielmehr ist auch die soziale und kulturelle Umwelt eines Kindes darin enthalten: Transaktionale Prozesse laufen auch zwischen einzelnen Kindern sowie zwischen den Kindern und ihren erwachsenen Bezugspersonen ab. Weiters werden sie durch kulturelle Gegebenheiten beeinflusst, wie etwa durch die Werte und Normen der Bezugspersonen.

Die vier transaktionalen Austauschprozesse

Ein näherer Blick auf die Funktionsweise des transaktionalen Konzepts zeigt, welche speziellen Prozesse in einer Bildungs- und Lernsituation ablaufen. Diese transaktionalen Austauschprozesse lassen sich mit den Begriffspaaren des Objektivierens und Subjektivierens bzw. des Aneignens und Vergegenständlichens beschreiben (Oerter, 1995,a,b); (Hartmann, Stoll, Chisté & Hajszan, 2000):

- **Objektivieren** bedeutet, sich an der Realität zu orientieren. Das Kind macht Erfahrungen mit den Eigengesetzlichkeiten der Welt, etwa mit Materialgegebenheiten, sowie mit kulturellen Bedingungen, etwa mit vorgegebenen Regeln im Kindergarten. Dabei entwickelt das Kind Realitätsbewusstsein und das Bewusstsein der eigenen Existenz.
- **Subjektivieren** hingegen bezieht sich auf die Anpassung der Umwelt an die persönlichen Bedürfnisse, Ideen und Wünsche des Kindes. Die bisherigen Erfahrungen des Kindes werden mit neuen Eindrücken in Verbindung gebracht. Subjektivieren ist der Kernprozess bei der Bildung von Bewusstsein und Identität. Dabei entwickelt das Kind Vertrautheit und ein Gefühl der Geborgenheit.
- **Aneignen** betrifft das Wahrnehmen und Lernen sowie das Konsumieren von Gütern. Dabei wird Wissen erweitert, Fertigkeiten werden erworben und differenziert. Die grundlegende Art der Aneignung bei Kindern ist die Exploration. Dadurch wird Neues vertraut und das Kind entwickelt Selbstsicherheit und Selbstvertrauen.
- **Vergegenständlichen** meint das Gestalten und Schaffen von Produkten. Dabei verändert das Kind seine Umwelt durch eigene Handlungen. Vergegenständlichen ist ein zentraler Prozess der Identitätsbildung und vermittelt Selbsteffektivität, Kontrollbewusstsein und ein Gefühl von Macht.

Im Transaktionsansatz werden Produkte nicht nur als materielle Objekte verstanden. Vergegenständlichungsprozesse finden auch statt, wenn etwa Lieder und Tänze erfunden werden oder sich die Kinder ein Rollenspiel ausdenken. In diesem Zusammenhang spricht man von geistigen Produkten.

Die vier transaktionalen Austauschprozesse laufen nicht isoliert ab, sondern hängen eng miteinander zusammen; sie ergänzen einander und bilden bei jedem Handeln ein integriertes Ganzes. Wenn es gelingt, in der pädagogischen Arbeit eine Ausgewogenheit und Balance der vier Prozesse zu erreichen, dann sind gute Voraussetzungen für eine hohe Bildungsqualität gegeben.

Zusammenspiel der transaktionalen Prozesse

Die Übersicht 1 verdeutlicht das Zusammenspiel der transaktionalen Prozesse. Die Pfeile in der Grafik symbolisieren die Dynamik beim Austausch zwischen den einzelnen Bildungsprozessen. Bildungsprozesse können in jedem Feld der Grafik beginnen oder abbrechen (Hartmann, Stoll, Chisté & Hajszan, 2000, S. 77).

	Objektivieren (Akkomodation, Orientierung an der Realität)	**Subjektivieren** (Assimilieren, Anpassen an die eigenen Bedürfnisse)
Aneignen (Verinnerlichen, Internalisieren)	**A** **Die Kinder rezipieren und verinnerlichen den Bildungsinhalt** Mithilfe von Wahrnehmungsprozessen erkunden die Kinder ihre Umwelt (Sehen, Hören, Angreifen, Explorieren etc.). Bildungsprozesse werden durch die Umwelt der Kinder ausgelöst oder aufrecht erhalten: durch die Kindergartenpädagogin, durch Eltern oder andere Erwachsene, durch Materialien oder durch die Natur.	**B** **Die Kinder bringen ihre eigenen Erfahrungen ein und verarbeiten dadurch die Bildungsinhalte** Die Kinder stellen Fragen, assoziieren, vergleichen und bringen Neues mit eigenen Erfahrungen in Verbindung. Sie entwickeln Ideen und Pläne, treffen Entscheidungen und lösen damit selbst Austauschprozesse mit der Umwelt aus.
Vergegenständlichen (Mitgestalten, Produkte schaffen, sich selbst erweitern)	**C** **Die Kinder sind Ausführende** Auf Grund der Impulse und Anregungen der Kindergartenpädagogin haben die Kinder die Möglichkeit, Bildungsprozesse mitzugestalten und Produkte herzustellen.	**D** **Die Kinder schaffen ein eigenes Produkt und erleben sich als Schöpfer/innen** Die Kinder gestalten Spiele, Aktivitäten und Produkte nach ihren eigenen Erfahrungen und Plänen. Sie entwickeln Ideen weiter, erfinden Neues und produzieren eigene Werke. Sie übertragen ihre Ideen auf neue Materialien und Situationen.

Jeder transaktionale Prozess ist in unterschiedlichem Ausmaß am Ablauf einer Handlung oder eines Bildungsgeschehens beteiligt. Anzustreben ist dabei die größtmögliche Balance der vier Komponenten. Wenn Kinder sowohl Subjektivierung, Objektivierung, Aneignung und vor allem auch Vergegenständlichung erfahren und erleben können, sind die besten Voraussetzungen für ihre ganzheitliche Entwicklung gegeben (Hartmann, Stoll, Chisté & Hajszan, 2000).

Balance der Austauschprozesse

Kulturelle und gesellschaftliche Bedingungen spielen eine große Rolle in der Gestaltung von Handlungsabläufen und Lernprozessen. So besteht in unserer Kultur, die zunehmend von Konsum und Medieneinflüssen geprägt ist, die starke Tendenz, Prozesse der Aneignung und Objektivierung zu betonen. Hingegen erhalten Kinder viel zu selten die Möglichkeit zur Vergegenständlichung. Gerade durch kreative Tätigkeiten und das Schaffen eigener Produkte werden aber die Selbstständigkeit der Kinder und ihre ganzheitliche Persönlichkeitsentwicklung gefördert.

Vergegenständlichung zur Förderung der Selbstständigkeit

Ein Beispiel aus dem Kindergartenalltag

Zum besseren Verständnis wird nun der Bericht einer Kindergartenpädagogin aus der Praxis nach transaktionalen Kriterien analysiert:

Eine Alltagssituation

> *Eine altbewährte Regel bei uns lautet, dass nur vier Kinder zugleich ohne Kindergartenpädagogin im Garten spielen dürfen. Lisa, Jonas, Matthias und Patrick sind bereits einige Zeit im Garten und bauen mit langen Holzbrettern einen Turm. Ein besonders schweres Brett können sie zu viert nicht heben. Dadurch wird ihr Bauvorhaben gestoppt. Lisa und Matthias kommen auf die Idee, noch zwei größere Kinder zur Verstärkung in den Garten zu holen. Sie fragen mich aufgeregt, ob zwei weitere Kinder in den Garten kommen dürfen. Ich erlaube es vorerst nicht, da wir ja eine eindeutige Regel haben, biete den Kindern aber ein Gespräch darüber an.*
> *Bei der nächsten Gesprächsrunde werden Lisa, Jonas, Matthias und Patrick aufgefordert, ihr Anliegen vorzubringen. Mehrere andere Kinder äußern denselben Wunsch. Mir ist es nun ein Anliegen, die Sinnhaftigkeit unserer Garten-Regel noch einmal zu besprechen. So frage ich die Kinder, ob sie wissen, warum eigentlich nur vier Kinder auf einmal hinaus dürfen. Die Kinder nennen viele Beweggründe, z. B. dass in einer größeren Kindergruppe eher Streitereien entstehen, ich aber nicht immer hinauslaufen kann, um zu schlichten. Dann frage ich die Kinder, ob sie sich vorstellen*

können, die vereinbarten Regeln auch in einer größeren Gruppe einzuhalten. Wir machen uns aus, das einmal auszuprobieren und nachher zu besprechen, wie es funktioniert hat.
Beim nächsten Mal nehmen Lisa, Jonas, Matthias und Patrick auch noch Lea und Benjamin mit in den Garten, um ihren Turm endlich fertig zu bauen. Im Garten stellen die Kinder fest, dass sie das schwere Brett zu sechst auf den Turm stapeln können. Die ausgemachten Regeln halten sie bestens ein. „Siehst du, was das für eine gute Idee war, dass Lea und Benjamin auch mitkommen dürfen!“, ruft mir Lisa stolz zu. „Stimmt“, denke ich und freue mich mit ihr. Der Stolz über das gelungene Bauwerk hält noch lange an.

In Alltagssituationen wie dieser, die im Kindergarten ständig vorkommen, stecken eine Fülle an pädagogisch wertvollen Prozessen und Wechselwirkungen, die sich zwischen den Kindern und ihrer Umwelt abspielen.

In unserem Beispiel aus der Kindergartenpraxis verstecken sich unter anderem folgende transaktionale Prozesse:

- Vier Kinder bauen im Garten einen Turms. Dabei kommt es zur **Vergegenständlichung** – die Kinder verwirklichen eigene Ideen und schaffen ein Bauwerk.
- Sie setzen sich beim Bauen mit den physikalischen Gegebenheiten des Materials – Länge und Gewicht – auseinander und machen die Erfahrung, dass ein Brett zu schwer für sie ist: Hier finden Prozesse der **Aneignung** statt.
- Die Kinder müssen sich an der Realität orientieren, nämlich dass sie das Material zu viert nicht bewältigen können und daraufhin ihr Bauvorhaben stoppen: In diesem Fall spricht man von **Objektivierung**.
- Sie haben die Idee, dass noch zwei Kinder mithelfen sollen: Die Kinder **subjektivieren** und bedienen sich ihrer Erfahrung, dass sechs Kinder stärker sind als vier. Sie wollen den Turm unbedingt weiter bauen und müssen dafür die Umgebungsbedingungen, nämlich die Anzahl der Baumeister/innen, verändern.
- Die Kinder verinnerlichen die neuen Regeln, die auch für mehrere Kinder gelten sollen. Hier kommt es wiederum zur **Aneignung**: Es wird besprochen, was berücksichtigt werden muss, wenn mehrere Kinder im Garten sind. Die Kinder nehmen diese Regeln auf, akzeptieren sie und halten sie ein.

- Sie können ihr Bauvorhaben schließlich zu sechst umsetzen: In einem neuerlichen Prozess der **Vergegenständlichung** bringen die Kinder ihr Werk zu Ende.
- Auch bei der Kindergartenpädagogin finden Veränderungen statt: Sie wird angehalten, mit den Kindern gemeinsam die Sinnhaftigkeit der Garten-Regel zu überprüfen. Während dieses **Subjektivierungsprozesses** merkt sie, dass die Kinder bereits in der Lage sind, mit einer Erweiterung der Regel verantwortungsvoll umzugehen. Die Pädagogin verändert daraufhin die bisher gültige Regel.

Planen, Beobachten, Reflektieren

Kindergartenpädagog/innen spielen eine wichtige Rolle im Leben eines Kindergartenkindes. Je kompetenter und selbstständiger Kinder im Alltag agieren, umso höher sind die fachlichen und persönlichen Anforderungen an die Kindergartenpädagogin.

Chancen im Alltag erkennen

Die Kompetenz der Kindergartenpädagogin besteht darin, eine Balance zwischen gezielten Aktivitäten und eigenständigen kreativen Prozessen der Kinder zu ermöglichen. Sie sollte die Chancen, die in den verschiedenen transaktionalen Austauschprozessen der täglichen Routine stecken, erkennen und flexibel für die Bildungsarbeit nützen können.

Unterstützung und Eigenständigkeit

Die fachliche Kompetenz der Kindergartenpädagogin befähigt sie, die Grenze zwischen Unterstützung und Eigenständigkeit der Kinder zu erkennen. Mit pädagogischem Geschick soll sie den richtigen Zeitpunkt für neue Impulse erkennen, nämlich bevor die Kinder überfordert sind oder die Konsequenzen nicht mehr abschätzen können.

Situationen, wo diese Hilfe notwendig ist, sind z. B. Folgende:

- Wenn physikalische Gesetzmäßigkeiten nicht erkannt werden
- Wenn es in einer Konfliktsituation zu körperlicher Gewalt kommt
- Wenn sich Kinder beim Klettern Gefahren aussetzen etc.

Kinder zur Selbstständigkeit anregen

Durch gezielte Fragen regt die Kindergartengartenpädagogin die Kinder zum Nachdenken an, eröffnet neue Sichtweisen und hilft ihnen so, sich weiter mit diesen Situationen auseinander zu setzen. Nachdem die Ideen der Kinder wertfrei gesammelt wurden, kann sie auch konkrete Verhaltensalternativen oder Bewältigungsstrategien anregen.

Planen im Alltag

Bewusste Gestaltung des Alltags

Der bewusste Umgang mit transaktionalen Austauschprozessen im Alltag birgt viele Chancen für die Beziehungsgestaltung zwischen den Kindern und ihrer Umwelt.

Voraussetzungen für eine gelungene Alltagsgestaltung aus transaktionaler Sicht sind:

- Eine vorbereitete Umgebung
- Zeit für die Beobachtung der Kinder und der Gruppenprozesse
- Eine gut durchdachte Planung und Reflexion

Weniger ist mehr

Das bedeutet, dass man vielfach von herkömmlichen Arbeitsmustern, wie z. B. einer völlig verplanten Wocheneinteilung, absehen muss, um mehr zeitliche Freiräume zu schaffen. Diese Freiräume ermöglichen es etwa, die Kinder zu beobachten, Alltagssituationen, wie z. B. das gemeinsame Essen, mehr zu genießen oder Konflikten in einem ausführlichen Gespräch auf den Grund gehen zu können.

Der Planung des Alltagsgeschehens muss viel Aufmerksamkeit gewidmet werden. Die Kinder sollen für Tätigkeiten im Alltag genügend Zeit zur Verfügung haben, um diese in Ruhe durchführen zu können. Alle Handlungsabläufe im Alltag sollen dazu genützt werden, die Kinder mit einzubeziehen, damit sie Zusammenhänge kennen lernen.

Ein Beispiel einer Kindergartenpädagogin:

Eine Alltagssituation

Die Mutter der sechsjährigen Klara bringt frische Erdbeeren aus ihrem Garten mit. Die Helferin sagt zu mir: „Ich wasch sie gleich." Ich möchte diesen Ablauf jedoch mit den Kindern durchführen und schicke Klara mit der Helferin in die Küche, um ein Sieb, ein Brett und ein Messer zu holen. Toni und Anna rufen: „Ich will auch!" Alle drei waschen die Erdbeeren. Beim Zurückkommen tropft Klara ziemlich viel Wasser auf den Boden. Sie schaut mich bekümmert an, ich frage sie: „Was brauchst du jetzt?" Klara: „Einen Fetzen." Sie holt das Bodentuch aus der Garderobe und wischt den Boden trocken. Die Kinder setzen sich an einen Tisch, schneiden die Erdbeeren und essen sie genüsslich.

Die Kindergartenpädagogin hat hier spontan eine Alltagssituation aufgegriffen, um die Kompetenzen der Kinder zu stärken und Handlungsabläufe transparent zu machen.

Beobachten und Reflektieren – ein Aufwand, der sich lohnt

Beobachtung und Reflexion im Alltag

Die Beobachtung der Kinder und des Gruppengeschehens sollte nicht nur gelegentlich stattfinden, sondern geplant und regelmäßig. Das erfordert im Alltag eigens dafür vorgesehene Zeit. Ausführliche Beobachtungen und Reflexionen bedeuten zwar einen zeitlichen Aufwand, sind aber eine wertvolle Hilfe für die Kindergartenpädagogin und sollten ein fixer Bestandteil des täglichen Tuns sein.

Kontinuität ist wichtig

Die regelmäßige Beobachtung und Reflexion ist wesentlich für eine wertschätzende Haltung gegenüber den Kindern und ihren Bedürfnissen. Dadurch kann die pädagogische Arbeit unter transaktionalen Gesichtspunkten gestaltet werden. Beobachtungen und Reflexionen bilden den Grundstock für pädagogische Entscheidungen und sollten deshalb auch schriftlich für weitere Überlegungen festgehalten werden.

Möglichkeiten und Chancen durch Beobachtung und Reflexion

Die kontinuierliche Beobachtung und Reflexion enthält eine Fülle an Möglichkeiten und Chancen für die Kindergartenpädagogin:

- Sie lernt die Kinder und deren emotionale Befindlichkeiten besser kennen.
- Sie kann den Entwicklungsstand und die Fortschritte aller Kinder besser einschätzen.
- Sie hat die Möglichkeit, auch die unauffälligen Kinder bewusst wahrzunehmen.
- Gruppendynamische Prozesse – wenn z. B. ein Kind zum Sündenbock gemacht wird – können erkannt und beurteilt werden.
- Die Kindergartenpädagogin kann ermitteln, wo die Interessen, Wünsche und Nöte der Kinder liegen. Sie kann die Ideen der Kinder als Impulse für die Planung aufgreifen.
- Durch die zurückhaltende Position der Kindergartenpädagogin während der Beobachtung wird das Potenzial der Kinder, ihren Alltag selbst und aktiv zu gestalten und Konflikte eigenständig zu bewältigen, sichtbar.
- Sie nimmt bewusster wahr, wie vielfältig die Möglichkeiten zur Entwicklung von Selbst-, Sozial- und Sachkompetenz im Alltag sind.

- Die Kindergartenpädagogin bemerkt, wo Rahmenbedingungen die Aktivität der Kinder beeinträchtigen, weil z. B. ein bestimmtes Material nicht gut erreichbar ist oder der Platz für bestimmte Spielprozesse fehlt.
- Sie kann überprüfen, ob sich die transaktionalen Austauschprozesse auch im Alltag in Balance befinden.
- Die Kindergartenpädagogin kann einschätzen, ob die Kinder neue pädagogische Impulse benötigen.
- Sie kann die Auswirkungen ihres eigenen pädagogischen Handels besser erkennen, z. B., ob bestimmte Regeln von den Kindern verstanden und eingehalten werden können.
- Sie kann sich ihre eigene emotionale Betroffenheit in verschiedenen Situationen bewusst machen und als Impuls für ihr weiteres pädagogisches Tun und ihre Persönlichkeitsentwicklung nützen.
- Der Kontakt zu den Eltern kann verstärkt werden, weil die Kindergartenpädagogin begründete und individuelle Aussagen über die Kinder machen kann.

Externe Beobachtung

Der Blick von außen

Die Idee des „Do-it-yourself“ ist gerade in sozialen Berufen sehr ausgeprägt. Natürlich stimmt es in vielen Fällen, dass selbst entwickelte Ideen und Konzepte fachgerechter ausgeführt werden können. Trotzdem stehen in der Kindergartenarbeit in vielen alltäglichen Situationen zusätzliche Ressourcen zur Verfügung, die auch genützt werden sollten. Dadurch wird Offenheit bewiesen und Freiraum für andere wichtige Dinge gewonnen.

So können auch Personen, die nicht selbst in das Gruppengeschehen im Kindergarten involviert sind, wichtige Informationen und Beobachtungen liefern. So können Kolleg/innen, die Kindergartenleiterin, Eltern, Schüler/innen oder externe Expert/innen, wie z. B. Psycholog/innen, interessante Anregungen liefern und neue Blickwinkel eröffnen. Das Filmen und Fotografieren von Alltagssituationen, die analysiert werden, können ein Bestandteil solcher Beobachtungen sein. Das Einverständnis der Eltern ist notwendig, wenn Filme und Fotos weiterverwendet werden.

Die Möglichkeit einer externen Qualitätsprüfung sollte auch ins Auge gefasst werden.

Alltag im Kindergarten

Die tägliche Routine bestimmt das Leben im Kindergarten in ganz besonderem Ausmaß und ist entscheidend für die Atmosphäre, die dort herrscht.

Eine kontinuierliche und gut durchdachte Alltagsstruktur gibt den Kindern Sicherheit und Orientierung und trägt wesentlich zu ihrem Wohlbefinden bei. Kein anderer pädagogischer Bereich berührt die Kinder so persönlich und nachhaltig. Besonders sensible Bereiche sind die Gestaltung der Mahlzeiten und des Schlafens sowie der Umgang mit Körperpflege.

Im Kindergarten gleicht kein Tag dem anderen: Die Kinder entwickeln sich, ihre Gefühle wechseln und auch die Kindergartenpädagogin bringt ihre eigene Befindlichkeit in den Alltag ein. Durch diese ständigen Wechselwirkungen ist der Alltag eine Herausforderung und erfordert viel Flexibilität und Fachkompetenz der Kindergartenpädagogin. Alltägliche Handlungen und Erfahrungen sollten als Bildungssituationen betrachtet und für die Förderung von Selbst-, Sozial- und Sachkompetenz genutzt werden.

Die Qualität eines Kindergartens wird in hohem Maße von der Gestaltung des Alltags geprägt. Dies betrifft besonders die Prozessqualität, die die sozialen Beziehungen im Kindergarten beschreibt.

Es ist uns ein Anliegen, aktuelle Forschungsergebnisse für Kindergartenpädagog/innen zugänglich zu machen. Jedes Kapitel beginnt daher mit entwicklungspsychologischen Grundlagen. In praxisnahen Überlegungen beschreiben wir die pädagogischen Aufgaben des Kindergartens und geben Anregungen für die Planung, Reflexion, Eltern- und Öffentlichkeitsarbeit sowie für die Arbeit im Team. Damit wollen wir zum Ausdruck bringen, dass Alltagssituationen in ihrer Komplexität einen hohen Stellenwert in der pädagogischen Arbeit mit Kindern haben und einer differenzierten und intensiven fachlichen Auseinandersetzung bedürfen.

Anhand von Alltagssituationen aus dem Kindergarten vertiefen wir unsere Überlegungen. Wir zeigen, auf welch vielfältige Weise die Kompetenzen der Kinder im Alltag gefördert werden können und machen die transaktionalen Prozesse, die ständig ablaufen, transparent.

Unsere Überlegungen sollen als Anregungen und nicht als „Rezepte" verstanden werden und erheben keinen Anspruch auf Endgültigkeit. Wir wünschen uns, dass dieses Buch Anlass für eine persönliche und ehrliche Auseinandersetzung jeder Kollegin mit ihrer fachlichen Arbeit bietet und die Kreativität und den Einfallsreichtum jeder Einzelnen herausfordert.

Aller Anfang ist schwer

Was kommt auf mich zu?

Nach dem Sommer beginnt im Kindergarten die vorbereitungsintensive Zeit der „Eingewöhnung“: Für die Kindergartenneulinge bringt die Eingewöhnung gemischte Gefühle mit sich, wie z. B. Vorfreude, Nervosität oder Angst. Bei den Eltern stehen unterschiedlichste Erwartungen, aber auch Sorgen, wie ihr Kind im Kindergarten zurechtkommen wird, im Vordergrund. Für die Kindergartenpädagog/innen ist diese Zeit geprägt durch Pläne, Wünsche und Ziele für das kommende Arbeitsjahr.

Ablösung und Trennung

Für viele Kinder bedeutet der Kindergarteneinstieg die erste Ablösung von ihren engsten Bezugspersonen und den ersten Kontakt zu vielen unbekannten Kindern. Auch Eltern berichten immer wieder von ihrer Unsicherheit und ihren eigenen Trennungsschwierigkeiten. Die Kindergartenpädagog/innen nehmen während dieser kritischen und sensiblen Zeit eine wichtige Vermittlerrolle ein, die es oft schwierig macht, sowohl den Bedürfnissen der Kinder als auch denen der Eltern gerecht zu werden. Die Eingewöhnungszeit beinhaltet daher den Grundstein für eine konstruktive und positive Beziehungsarbeit mit den Kindern sowie für einen anregungsreichen Austausch mit den Eltern.

Entwicklungspsychologische Grundlagen

Jedes Kind ist mit der Bereitschaft sich jemandem liebevoll anzuvertrauen ausgestattet. Die Entwicklung von Liebe und das Vertrauen zwischen Eltern und Kind ist allerdings nicht angeboren, sondern wird im Laufe der Jahre in den Wechselbeziehungen des Kindes zu seiner Umwelt erlernt.

Die Entwicklung des Urvertrauens

Der Pädagoge und Psychoanalytiker Erikson (1973) definierte acht Entwicklungsaufgaben, die je nach Bewältigung die Persönlichkeit des Kindes prägen. Im ersten Lebensjahr entwickelt sich in Abhängigkeit vom sozialen Umfeld das Urvertrauen bzw. Urmisstrauen. Bei Kindern, deren Bedürfnisse in dieser Zeit ausreichend befriedigt wurden, wird eine gute Vertrauensbasis aufgebaut und sie können ein stabiles Selbstvertrauen entwickeln. Machen sie diese Erfahrungen nicht, dann entwickeln sie Misstrauen und können in ihren zwischenmenschlichen Beziehungen angstvoll und gehemmt reagieren. Kinder mit einem gesunden Urvertrauen können Stresssituationen, wie z. B. die Eingewöhnung, besser bewältigen als misstrauische Kinder (Rollett & Rollett, 1999).

Es darf allerdings nicht davon ausgegangen werden, dass Kinder mit Eingewöhnungsproblemen kein Urvertrauen entwickelt haben. Kindliche Eingewöhnungsprobleme können vielfältige Ursachen haben, z. B. mangelnde Sensibilität oder eine zu kurze Eingewöhnungszeit.

Das schlechte Gewissen der Eltern

Kindergartenpädagog/innen sind oft mit Eltern konfrontiert, die sehr unsicher sind oder ein schlechtes Gewissen haben, weil sie ihre Kinder schon in frühen Jahren in den Kindergarten geben. Folgende wissenschaftliche Ergebnisse können helfen, die Eltern ein wenig zu entlasten:

Berufstätigkeit der Mutter

Säuglinge, deren Mütter ganztags berufstätig sind, zeigen genauso starke Bindungen an sie wie Kinder, die ausschließlich von ihren Müttern versorgt werden. Nicht das Ausmaß der Zeit, die Eltern mit ihren Kindern verbringen, sondern ihre Einstellung zu ihren Kindern ist für die Qualität der Beziehung am wichtigsten (Scarr, 1990). Schon frühe Studien haben gezeigt, dass die Zufriedenheit der Mütter mit ihrer Berufs- oder Hausfrauenrolle einen entscheidenden Einfluss auf die Persönlichkeit des Kindes hat (Lehr, 1978).

Kriterien einer stabilen Beziehung

Auf Bedürfnisse des Kindes eingehen

Die Qualität einer Beziehung äußert sich in der Fähigkeit und der Bereitschaft der Bezugsperson, auf die Signale des Kindes zu hören und zu reagieren. Je besser es gelingt, die Bedürfnisse des Kindes zu verstehen und darauf einzugehen, umso besser ist die Beziehung.

„Geben“ und „Nehmen“

Wichtig sind der wechselseitige Austausch, die gegenseitige Bereicherung und die Ausgewogenheit des Verhältnisse von „Nehmen“ und „Geben“ in einer Beziehung. Wenn Kinder sich an gewisse Grenzen halten sollen, anderseits aber auch Raum dafür bleibt, selbst etwas mitgestalten zu können, werden sie sich in einer Beziehung wohl fühlen.

Auch im Transaktionsansatz wird die Gegenseitigkeit im Austausch zwischen Kind und Kindergartenpädagogin betont. Erziehung wird als dialogischer Prozess gesehen, in den sich beide Seiten einbringen.

Folgende Haltungen sind für zwischenmenschliche Beziehungen förderlich: Achtung, Wärme, Rücksichtnahme, einfühlendes, nicht wertendes Verstehen, Echtheit sowie fördernde, nicht direktive Verhaltensweisen (Tausch und Tausch, 1998).

Aufgaben im Kindergarten

Traurigkeit und Zorn ernst nehmen

Jeder Mensch reagiert bei Trennung auf Grund seiner ganz persönlichen Erfahrungen und Charaktereigenschaften anders. Kinder müssen in ihren Gefühlen ernst genommen werden. Sätze wie: „Da gibt es aber gar keinen Grund, zornig zu sein“ oder „So, jetzt ist Schluss mit den Tränen“ geben den Kindern zu verstehen, dass ihre Gefühle falsch sind und keine Berechtigung haben. Besser wären hier Trost oder Formulierungen wie „Ich verstehe, dass du traurig/zornig bist.“ Durch das Verständnis für seine Gefühle und die Erfahrung, dass diese zugelassen, gelebt und benannt werden dürfen, hat das Kind die Möglichkeit, sich der eigenen Gefühle bewusst zu werden, sie zu akzeptieren und zu ihnen zu stehen.

Die Aufgabe der Kindergartenpädagogin ist es, das Kind durch ihre Präsenz bei der Bewältigung seiner Gefühle zu unterstützen und ihm zu helfen, individuelle Bewältigungsstrategien zu entwickeln.

Verständnis für Ängste

Bei Kindern, die besonders große Schwierigkeiten mit der Eingewöhnung haben, spielen mehr existenzielle Ängste eine Rolle als bei anderen Kindern. Strenge und Appelle an die Vernunft von Seiten der Kindergartenpädagogin oder der Eltern bringen hier wenig. Solche Kinder brauchen viel Einfühlungsvermögen und Schutz. Die Kindergartenpädagogin sollte die Bedürfnisse nach Nähe und Distanz ausloten und je nachdem Körperkontakt oder Rückzugsmöglichkeiten anbieten. Das Vertrauen zwischen dem Kind und seinen neuen Bezugspersonen muss langsam aufgebaut und gefestigt werden. Dabei ist es wichtig, das Kind in seinem Selbstwert zu stützen.

Eingewöhnungszeit für Eltern

Auch Eltern fällt die Trennung schwer

Von zentraler Bedeutung ist selbstverständlich die Einbeziehung der Eltern in die Eingewöhnungsarbeit: Auch für die Eltern ist der erste Kindergartentag – vor allem bei erstgeborenen Kindern – ein großer Einschnitt in ihrem Leben. Für viele bedeutet er die erste längere Trennung von ihrem Kind: Es kommt in die Obhut einer fremden Person. Damit tauchen viele Fragen und Ängste auf, wie z. B., ob das Kind genug Zuwendung bekommt, ob seine Fähigkeiten genug gefördert werden, ob auf seine Bedürfnisse Rücksicht genommen wird oder wie es sich unter dem Einfluss des Kindergartens verändern wird.

Eltern brauchen also genauso wie die Kinder selbst eine Eingewöhnungszeit, um Vertrauen zu gewinnen. Wie Studien ergeben, vertrauen sie dem Kindergarten erst richtig, wenn sie das Gefühl haben, dass ihr Kind sich gut eingewöhnt hat (Niesel & Griebel, 1998). Die Eingewöhnungszeit ist eine besonders sensible Zeit für den Aufbau einer guten Beziehung zwischen Eltern und Kindergartenpädagogin. Die gegenseitige Wertschätzung und das gemeinsame Gespräch bilden die Grundlage für das zukünftige Miteinander von Kindergarten und Familien, das aus transaktionaler Sicht einen besonderen Stellenwert in der pädagogischen Arbeit einnimmt.

Das Vertrauen der Eltern gewinnen

Die Professionalität der Kindergartenpädagogin zeichnet sich durch die Reflexion der eigenen Haltung gegenüber den Eltern aus. Eltern sind Expert/innen hinsichtlich ihrer Kinder und diese Ressource sollte genützt werden, um gemeinsam für das Wohl des Kindes zu sorgen.

Manchmal ist es nicht leicht, bestimmte Verhaltensweisen und Wünsche der Eltern anzunehmen. Es ist nicht Aufgabe der Kindergartenpädagogin, allen Wünschen gerecht zu werden. Konstruktive Kritik der Eltern sollte aber zugelassen und überdacht werden. Sie kann Auslöser für Veränderungen im Kindergartenalltag sein.

Wünsche der Eltern berücksichtigen

Die Eingewöhnungszeit im Kindergarten sollte flexibel gehandhabt und möglichst ganzjährig ermöglicht werden. Nicht selten kommt es bei Kindergartenneulingen nach den ersten längeren Ferien oder der ersten krankheitsbedingten Unterbrechung zu einem „Rückfall" hinsichtlich der Eingewöhnung. Dann muss die Vertrautheit mit der Kindergartensituation oft wieder langsam und verständnisvoll aufgebaut werden. Es gibt aber auch Kinder, die während ihrer gesamten Zeit im Kindergarten mit der täglichen Trennung zu kämpfen haben.

Ganzjährige Eingewöhnung

Wertvolle Hilfen bei der Eingewöhnung können auch Geschwister oder Freund/innen sein, die im selben Kindergarten bereits eine andere Gruppe besuchen. Es sollte möglich sein, dass die Gruppen offen geführt werden und sich einzelne Kinder zur Unterstützung von Neulingen auch in anderen Gruppen aufhalten dürfen.

Geschwister und Freund/innen können helfen

Anregungen für die Planung

Folgende Überlegungen, die transaktionale Aspekte mit einbeziehen, können in der Eingewöhnungszeit hilfreich sein:

- Das Aufnahmegespräch sollte von der zukünftigen Kindergartenpädagogin geführt werden. Eltern und Kind werden über organisatorische und konzeptionelle Rahmenbedingungen informiert. Individuelle Merkmale des Kindes (Essverhalten, Rituale, Ängste, Vorlieben beim Trösten etc.) können in Erfahrung gebracht werden.
- Von Anfang an sollte die Bedeutung eines intensiven Austausches zwischen den Lebenswelten der Kinder – Familie und Kindergarten – betont werden. In einem eigens dafür erstellten Fragebogen für die Eltern können Erwartungen, Wünsche, Ängste, Bedürfnisse – auf Wunsch auch anonym – erhoben werden.
- Eine Schnupperstunde oder ein Schnuppertag vor dem Kindergarteneinstieg gibt Eltern und Kindern einen ersten Einblick in den Kindergartenalltag.
- Eine zeitliche Staffelung bei der Aufnahme neuer Kinder ermöglicht der Kindergartenpädagogin, jedem einzelnen Kind mehr Aufmerksamkeit zukommen zu lassen.
- Während der Eingewöhnungszeit ist die vermehrte Anwesenheit der Helferin besonders wertvoll.
- In der ersten Zeit sollte eine vertrauter Person (z. B. Vater, Mutter, Oma, Opa etc.) mit dem Kind im Kindergarten anwesend sein. Diese ist präsent, sollte sich aber im Hintergrund halten und dem Kind Freiraum geben. Die Bezugsperson zieht sich allmählich räumlich zurück (z. B. in die Garderobe). Wichtig ist, dass das Kind darüber vorher informiert wird.
- Die Anwesenheitsdauer mit und ohne vertrauter Person wird im Rahmen der Eingewöhnung langsam gesteigert.
- Die Ängste und Unsicherheiten der Bezugspersonen sollten von der Kindergartenpädagogin wahrgenommen, respektiert und angesprochen werden.
- Die Bezugsperson muss in der ersten Zeit telefonisch erreichbar sein. Gegebenenfalls kann es für die Bezugsperson erleichternd sein, wenn sie in einem kurzen Telefongespräch über die Befindlichkeit des Kindes informiert wird.

- Rituale, die das Besondere des Eintritts in den Kindergarten hervorheben, helfen den Kindern, den Einstieg besser zu verkraften. Sie fühlen sich plötzlich schon „groß“ und selbstständig. Dabei kann die Einbindung von bereits erfahrenen Kindergartenkindern als Vermittler hilfreich sein.
- Die Kindergartenpädagogin sollte das individuelle Nähe- und Distanzbedürfnis der Kinder erspüren und respektieren. Den emotionalen Befindlichkeiten wie Traurigkeit, Zorn oder Ängstlichkeit sollte Raum gegeben werden, die Gefühle des Kindes dürfen nicht gewertet werden. Mit den Eltern sollte über die Bedeutung des wertfreien Zulassens von Gefühlen und den Umgang damit gesprochen werden.
- Das individuell geführte Tür- und Angelgespräch ist in der Eingewöhnungszeit von besonderer Bedeutung.
- In einem persönlichen Brief an das zukünftige Kindergartenkind kann die Kindergartenpädagogin das Kind schon vor dem Beginn der Eingewöhnung auf den Kindergartenbesuch einstimmen.

Fragen zur Reflexion

Während der Eingewöhnungszeit und in der Reflexion darüber sollte sich die Kindergartenpädagogin folgende Fragen stellen:

- Wie ist meine Befindlichkeit in der Eingewöhnungszeit, wie reagiere ich auf die Trennungssituationen, die stattfinden? Welche Erklärungsmodelle habe ich für die Reaktionen der Eltern bzw. Kinder?
- Wie gehe ich selbst mit Trennungssituationen um?
- Wie geht es mir mit den Gefühlen der Kinder wie Angst, Traurigkeit, Ablehnung meiner Person etc.? Was lösen diese Gefühle bei mir aus?
- Welche Einstellung habe ich gegenüber den Eltern, z. B. gegenüber berufstätigen bzw. nicht berufstätigen Müttern? Bringe ich das nötige Verständnis für die jeweilige Situation einer Familie und deren Einstellungen auf? Welche Auswirkungen haben diese Überlegungen auf meine Beziehung zu den Eltern und dem Kind?
- Beschränkt sich mein Kontakt zu den Eltern nur auf Organisatorisches und den Austausch von Informationen? Gelingt es mir, die Eltern in das Gruppengeschehen miteinzubeziehen?
- Nütze ich die Anwesenheit der Eltern während der Eingewöhnungszeit als zusätzliches Potenzial für das Gruppengeschehen?

- ❍ Nütze ich das Raumangebot im Kindergarten für die Eingewöhnung? Haben die Kinder z. B. ausreichend Gelegenheit, sich zurückzuziehen?

Eltern- und Öffentlichkeitsarbeit

Eltern sollten im Kindergarten genauso willkommen geheißen werden wie die Kinder. Sie sind Kund/innen, die ihre Kinder in sicherer Obhut wissen wollen.

Kindergarten als Kommunikationszentrum

Eltern sind oft verunsichert, was die Erziehung ihrer Kinder betrifft. Um das Potenzial des Kindergartens als Zentrum der Begegnung und des Austausches von Eltern zu nützen, bietet sich vor allem die Zeit der Eingewöhnung an, wenn viele Eltern auch längere Zeit im Kindergarten sind. Der Kindergarten kann als Kommunikationsfeld genützt werden, wo Eltern einander kennen lernen und Kontakte zu anderen Familien mit Kindern knüpfen können. Ein Elterncafé oder eine gemütliche Sitzecke könnten solche Prozesse begünstigen. In angenehmer Atmosphäre können Gespräche mit dem pädagogischen Personal des Kindergartens stattfinden.

Abschied und Trennung thematisieren

Die ersten Elternabende sollten genützt werden, um das Thema Abschied / Trennung auf persönlicher Ebene zu diskutieren. Dabei sollten die Ängste und Erwartungen der Eltern, aber auch die Ressourcen für die Eingewöhnungszeit – etwa, dass sie Zeit zur Verfügung stellen und in den ersten Tagen im Kindergarten bleiben – besprochen werden.

Eine intensive Elternarbeit bedeutet nicht nur mehr Arbeit für die Kindergartenpädagogin, sondern kann auch sehr entlastend sein, wenn das Potenzial und Interesse der Eltern für die konkrete pädagogische Arbeit genützt wird.

Am Ende dieses Kapitels finden Sie einige Beispiele, wie die Elternarbeit mittels Briefen und Texten unterstützt werden kann.

Teamarbeit

In Teamsitzungen sollte unter den Kolleg/innen eines Kindergartens ein Austausch über den Ablauf der Eingewöhnungszeit und über die damit verbundene persönliche Befindlichkeit stattfinden. Folgende Themen können dabei zur Sprache kommen:

- ❍ Diskussionen über pädagogische Entscheidungen und Vorgangsweisen, die von allen Teammitgliedern mitgetragen werden sollten.

- Lebensgeschichtlich erworbene Verhaltensmuster im Umgang mit Trennungssituationen können Gegenstand von Teamsitzungen sein. Voraussetzung dafür ist eine vertrauensvolle und wertschätzende Teamkultur.
- Gemeinsam können Entscheidungen zum Wohl einzelner Kinder getroffen werden. Schafft z. B. ein Kind den Übergang von der Kleinkindgruppe in die Familiengruppe nicht, dann wird gemeinsam entschieden, dass es in der Kleinkindgruppe bleiben darf.
- Gegenseitige Unterstützung für den Umgang mit „problematischen" Eltern und Kindern. Im Team wird z. B. der Ablauf eines Elterngesprächs geplant. Personelle Ressourcen wie etwa die Sonderkindergartenpädagogin oder die Psychologin werden zur individuellen Unterstützung einzelner Kinder genützt.
- Austausch von Ideen und Materialien (z. B. Elternbrief, Brief an die Kinder, Willkommensplakat) zum Thema Eingewöhnung.
- Vernetzung mit Fachkräften und Institutionen durch einzelne Teammitglieder.

Nehmen Sie sich Zeit, diese Anregungen mit Ihren eigenen Ideen und Überlegungen zu ergänzen.

Alltagssituation: Lukas und die neue Welt im Kindergarten

Der dreijährige Lukas kommt im Februar in die Familiengruppe.
Lukas kommt mit seiner Mutter am Morgen eines Montags in den Kindergarten. Vorgespräch und erstes Kennenlernen haben bereits stattgefunden. Nach einer freundlichen Begrüßung zieht ihn seine Mutter bei seinem Zeichen in der Garderobe um. Mit Hausschuhen, Fetzerl und Mama ausgerüstet, betritt er den Gruppenraum neugierig, aber mit Skepsis. Er beobachtet die Kinder erst einmal im sicheren Abstand und im Schutz der Mutter. Ich frage die Mutter, wie es ihr geht. Ein zögerliches „Naja“ ist die Antwort. Die Mutter wurde vorher über den „roten Faden“ der Eingewöhnungszeit informiert und bekam zur Unterstützung einen Elternbrief mit den wesentlichen Aspekten in die Hand.
Neugierig inspiziert Lukas den Gruppenraum, nimmt dann ein Puzzle und setzt sich zum Tisch, an dem auch seine Mutter sitzt und einfach für ihn präsent ist. Nach einiger Zeit sagt die Mutter: „Lukas, ich setze mich in die Garderobe.“ Doch als sie gehen will, rennt er zu ihr. Es ist also noch zu früh für eine räumliche Entfernung. Nach den ausgemachten zwei Stunden gehen Lukas und seine Mutter nach Hause.
Am nächsten Tag darf die Mutter nach einiger Zeit schon in die Garderobe gehen. Da sie sich nun für Lukas außerhalb des Sichtfeldes befindet, muss er zur Sicherheit immer wieder hinauslaufen und schauen, ob sie noch da ist. Als Lukas nach einem Bilderbuch greift, frage ich ihn: „Soll ich mit dir das Buch anschauen?“ Er sieht mich freundlich an und nickt. So gibt er mir die Möglichkeit, mit ihm in Kontakt zu treten. Ich versuche, sein individuelles Nähe- und Distanzbedürfnis auszuloten und zu respektieren. Kinder zeigen meist nonverbal durch Gestik und Körperhaltung ihre eigenen Bedürfnisse nach Zuwendung, daher achte ich in solchen Momenten besonders genau auf diese Signale. Der sensible Umgang mit den Bedürfnissen des Kindes fördert das Vertrauen. Lukas fasst allmählich auch zu mir Vertrauen, zwischendurch zieht es ihn natürlich mit den Spielsachen in die Garderobe zu seiner Mutter.
Die Aufenthaltsdauer von zwei Stunden bleibt in Absprache mit der Mutter die ganze erste Woche gleich. Am Freitag führe ich mit der Mutter ein Gespräch über eine erste Abwesenheit in der kommenden Woche. Dieses Vorbereitungsgespräch hilft der Mutter, sich darauf einzustellen.
Die Mutter sagt dann am Morgen nach dem Ausziehen in der Garderobe: „Du, Lukas, ich gehe jetzt einkaufen und hol dich dann ab.“ Lukas nickt.

Die Mutter: „Du darfst im Kindergarten spielen." Lukas schaut, nickt wieder, wirkt aber unsicher. In einem Gespräch erzählt die Mutter Lukas genau, was sie jetzt tun wird. Ich stehe dabei. Die Mutter geht, Lukas weiß nicht so recht. Er packt meine Hand und geht mit mir in die Gruppe. Die Mutter ist fort. Plötzlich bricht Lukas in Tränen aus. Ich hockerl mich zu ihm, achte darauf, wie viel Zuwendung er von mir möchte.
Auf einem Zettel steht die Handynummer der Mutter, damit ich sie anrufen kann, wenn Lukas sich nach längerer Zeit nicht von mir trösten lässt.
Lukas weint und beginnt zornig zu brüllen. Ich nehme ihn auf den Arm und gehe im Raum umher. Da entdeckt er die Brio-Eisenbahn und hört auf zu weinen. Ich frage ihn: „ Bauen wir Schienen für die Eisenbahn auf?"
Er nickt. Nach zehn Minuten steht die Mutter wie ausgemacht in der Türe.

Lukas lacht sie an, läuft zu ihr hin und zeigt auf die Eisenbahn. Ich berichte der Mutter über das Geschehen während ihrer Abwesenheit. Beim Verabschieden frage ich: „Lukas, kommst du morgen wieder?" Lukas: „Ja."
Ich: „Na gut, dann bis morgen."
Am nächsten Tag ist der Moment der Trennung schwieriger, die Mutter geht. Ich habe allerdings das Gefühl, dass es der Mutter heute auch nicht

gut geht. Nachdem sich Lukas beruhigt hat, rufe ich sie an, um ihr mitzuteilen, dass er nicht mehr weint. Dieses Telefongespräch gibt auch der Mutter das Vertrauen, dass ich ihre Gefühle ernst nehme.
Im Laufe der zweiten Woche steigern wir die Länge der Aufenthaltsdauer. In der dritten Woche bleibt Lukas den ganzen Vormittag, wirkt dann allerdings ziemlich müde. So ein Anfang im Kindergarten ist ganz schön anstrengend, denke ich mir.
In der fünften Woche wird Lukas an einem Morgen nach der Trennung zornig. Auch dafür muss Platz sein. Ich bin präsent und gebe ihm die Möglichkeit, seinem Unmut Ausdruck zu verleihen.
Im Laufe des Jahres gibt es immer wieder Tage, an denen Lukas die Trennung von der Mutter schwer fällt, dann braucht er mehr Zeit sowie besondere Zuwendung von mir. So eine Eingewöhnung ist für alle Beteiligten eine Herausforderung!

Bei der Eingewöhnung in den Kindergarten werden unter anderem folgende Kompetenzen angesprochen:

Selbstkompetenz

- *Zuwachs an Selbstständigkeit und Autonomie durch die zunehmende Ablösung von der Bezugsperson und die Bewältigung neuer Anforderungen.*
- *Durch die neue Umgebung und die neuen Bezugspersonen im Kindergarten wird Neugierde geweckt.*
- *Förderung der Individualität des Kindes durch das individuelle Eingehen auf die Ablösungsphase und das Trennungserlebnis sowie auf die Befindlichkeit und Reaktionen des Kindes.*
- *Förderung des Selbstbewusstseins und der Identitätsentwicklung durch das Ernstnehmen der Gefühle des Kindes und durch das Erlebnis, dass es die Herausforderung der Eingewöhnungsphase mit Unterstützung der Bezugspersonen und der Kindergartenpädagogin geschafft hat.*
- *Die Fähigkeit zur Abgrenzung wird durch den sensiblen Umgang der Kindergartenpädagogin mit dem Nähe- und Distanzbedürfnis der Kinder gefördert.*
- *Förderung der Bedürfnissensibilisierung durch das Zulassen und Benennen verschiedener Gefühle, wie Wut, Traurigkeit, Ängstlichkeit, Freude, Stolz etc.*

Sozialkompetenz

- *Förderung der Kommunikationsfähigkeit: Zuerst steht der Kontakt mit der Kindergartenpädagogin im Vordergrund, andere Kinder werden zunächst beobachtet, nach und nach findet immer mehr Kommunikation statt.*
- *Die Achtung vor anderen wird durch das Erlernen des Umgangs mit anderen Erwachsenen und Kindern in einer größeren Gruppe entwickelt.*
- *Förderung der Fähigkeit zum Teilen – sowohl des Spielmaterials als auch der Zuwendung der Kindergartenpädagogin.*
- *Förderung der Fähigkeit zur Selbstbehauptung und zur Durchsetzung eigener Bedürfnisse durch den Kontakt mit anderen Kindern.*

Die Analyse des Beispiels bzw. der Eingewöhnungszeit an sich macht folgende transaktionale Aspekte sichtbar:

Transaktionale Prozesse

- *Objektivieren: Objektivierungsprozesse finden durch die Anpassung an die neue Situation im Kindergarten und durch die steigende Aufenthaltsdauer statt. Das Kind lernt, mit den Regeln im Kindergarten umzugehen.*
- *Subjektivieren: Das Kind zeigt sowohl nonverbal als auch verbal, wie viel Zuwendung und Unterstützung oder Freiraum es von der Kindergartenpädagogin braucht. Im Praxisbeispiel nimmt Lukas die Hand der Kindergartenpädagogin und signalisiert dadurch sein Bedürfnis nach Nähe.*
- *Aneignen : Durch Explorieren macht sich das Kind den Gruppenraum vertraut. Im Spiel mit der Kindergartenpädagogin und beim gemeinsamen Ansehen des Bilderbuches, wie es im Beispiel beschrieben wird, gewinnt Lukas Sicherheit in der neuen Umgebung.*
- *Vergegenständlichen: Durch das Herstellen eines Werkes – Lukas baut gemeinsam mit der Kindergartenpädagogin Eisenbahnschienen auf – verändert das Kind seine Umwelt durch eigene Handlungen und kann das Ergebnis stolz seiner Mutter präsentieren.*

Praxisanregungen

Folgende Briefe bzw. Texte der Kindergartengartenpädagogin illustrieren, wie Kinder und Eltern schon frühzeitig und umfassend über die Eingewöhnungszeit informiert werden können. Für die weiteren Themen in diesem Buch können von der Kindergartenpädagogin ähnliche Materialien erarbeitet werden, die den Austausch mit den Eltern unterstützen.

Ein Brief an die Kindergartenneulinge, den sie schon vor Beginn der Eingewöhnungszeit erhalten:

> *Hallo!*
>
> *Bald kommst du zu mir in die Kindergartengruppe und daher schreibe ich dir jetzt einen Brief.*
>
> *Der Kindergarten beginnt am ersten Montag im September. Ich freue mich, dich und deine Familie kennen zu lernen. Du kommst in die Familiengruppe 2, in der du viele andere Kinder treffen wirst. Vielleicht findest du beim Spielen einen Freund oder eine Freundin.*
>
> *Du hast dir den Mond als Zeichen ausgesucht.*
>
> *Im Kindergarten brauchst du:*
> - *Hausschuhe, Polster, Häferl*
> - *Kindergartentasche oder Rucksack*
> - *Proviantdose für die tägliche Jause*
>
> *Ich wünsche dir noch viele schöne Tage,*
> *bis bald!*

Der folgende Text kann während der Eingewöhnungszeit an der Pinnwand im Gang oder in der Garderobe aufgehängt werden:

TRENNUNG – TRÄNEN – TRAUER
Nur der, der keine Bindungen hat, kennt keine Trennungsschmerzen. Jede Trennung von einem geliebten Menschen löst Schmerz und Trauer aus. Keinem Menschen bleibt diese leidvolle Erfahrung erspart. Niemand kann sie uns ersparen, weil sie Teil unseres Lebens ist. Und weil sie ein Teil unseres Lebens ist, sollte schon ein Kleinkind den Rhythmus von Halten und Loslassen erleben und lernen, damit zu leben. Ein Kind braucht viel Kraft, um loslassen zu können und selbstständig zu werden. Dazu braucht es die Hilfe der Eltern, die selbst fähig sind, loszulassen und Freude daran haben zu sehen, wie ihr Kind ein eigenständiger Mensch wird.

Ein Brief an die Eltern zeigt, wie Eltern umfassend über die Bedeutung der Eingewöhnungszeit informiert werden können:

EINGEWÖHNUNGSZEIT

Der Eintritt in den Kindergarten stellt für Ihr Kind einen neuen Lebensabschnitt dar. Die neuen Eindrücke können verunsichern, müde machen und Gefühle wie Spaß und Freude, aber auch Wut und Ärger hervorrufen. Sie wecken aber auch die Neugierde und das Interesse Ihres Kindes. In seiner Entwicklung wird es durch die neuen Erfahrungen viele Fortschritte machen.

Es ist wichtig, die Eingewöhnungszeit so positiv wie möglich zu gestalten, um den Einstieg zu erleichtern:

- *Ihr Kind fühlt sich vielleicht zu Beginn mit einem Übergangsobjekt (Kuscheltier, Schmusedecke ...) wohler. Geben Sie Ihrem Kind, wenn es danach verlangt, ein Stück „Zuhause" mit.*
- *In der ersten Zeit sollte Ihr Kind mit Ihnen den neuen Lebensraum Kindergarten erkunden können. Ihre Anwesenheit ist wichtig. Allmählich können Sie sich dann zurückziehen.*
- *Die Anwesenheitsdauer während der Vormittage wird nach Rücksprache mit Ihnen individuell gesteigert.*
- *Um das Vertrauen Ihres Kindes nicht zu erschüttern, ist es wichtig, dass Sie Ihrem Kind sagen, wenn Sie fortgehen.*
- *Bringen Sie Ihr Kind regelmäßig, damit es das Vertrauen in den Kindergarten besser aufbauen kann.*
- *Rechnen Sie damit, dass sich Ihre Einstellung und Befindlichkeit auf Ihr Kind übertragen.*
- *Reden Sie mit Ihrem Kind über die neue Situation. Lesen Sie zu diesem Thema Bilderbücher vor und erzählen Sie Geschichten.*
- *Zeigen Sie Verständnis für die Ängste, Sorgen und die Wut Ihres Kindes.*
- *Nehmen Sie sich Zeit, damit auch Sie die neuen Eindrücke auf sich wirken lassen können.*

Ich wünsche Ihrem Kind und Ihnen einen angenehmen Start,

viele schöne Erlebnisse und

eine Vielfalt von Erfahrungen.

Gib mir Zeit!

Zeit ist Luxus

„Ich hab jetzt keine Zeit dafür." Wie oft hören Kinder diesen Satz von Erwachsenen! In unserer Gesellschaft läuft alles immer schneller ab. Zeit ist ein kostbares Gut geworden, das es stets effektiv und sinnvoll zu nutzen gilt. Selbst die meist knapp bemessene Freizeit wird minutiös verplant. Zugleich sehnen sich immer mehr Menschen nach mehr Zeit – doch sobald tatsächlich Ruhe einkehrt, fällt es schwer, das „Nichtstun" zu ertragen.

Kinder haben ein anderes Zeitgefühl als Erwachsene

Die Zeitbedingungen der Erwachsenenwelt prägen wesentlich den Alltag von Kindern, ohne auf deren eigenes Zeitgefühl Rücksicht zu nehmen. Auch Kinder haben ein volles Programm: Sie sind unterwegs zwischen Kindergarten, verschiedenen Wohnorten der Elternteile oder diversen Freizeitkursen und Fördereinrichtungen. Zum freien Spielen, „Daheim-Sein" und „Bei-sich-Sein" bleibt wenig Zeit.

Entwicklungspsychologische Grundlagen

Kinder im Kindergartenalter lieben es zu toben, zu hüpfen und laut zu sein. Sie lieben aber auch das Langsame und Leise. Sie nehmen sich gerne Zeit – Zeit, die wir Erwachsene oft nicht haben.

Zeit haben, um bei sich selbst zu sein

Jeder Tag ist für Kinder mit vielfältigen Erlebnissen und Erfahrungen ausgefüllt, die verarbeitet und integriert werden müssen. Vieles, was sie tun, ist aufregend, anstrengend, aufbauend oder enttäuschend. Vor Überforderung durch all diese Eindrücke schützen sich Kinder mit kleinen Pausen. Sie ziehen sich zurück, schalten ab, beobachten und konzentrieren sich für einige Zeit nur auf ein Spiel oder auf sich selbst.

Freiräume helfen, Kompetenzen auszubilden

Entspannung fördert Konzentration

Zeiten des Rückzugs dürfen nicht mit unproduktiven Leerläufen verwechselt werden: Jeder Moment, den Kinder ganz bei sich verbringen, versunken in ihre Gedanken, in ihr Spiel oder in Beobachtungen, trägt nicht nur zu ihrer emotionalen Ausgeglichenheit bei, sondern ist auch ein wichtiger Schritt auf dem Weg zu mehr Konzentration und Ausdauer. Je weniger wir Kinder in ihren Beschäftigungen unterbrechen, umso eher entwickeln sie eine längere Aufmerksamkeitsspanne.

Durch zeitliche Freiräume und die Möglichkeit, verschiedene Dinge auszuprobieren, werden Kreativität und das Entfalten besonderer Fähigkeiten gefördert. Kinder verknüpfen dabei Neues mit bereits Bekanntem, schon Erfahrenem, wie es auch im transaktionalen Prozess des Subjektivierens beschrieben wird.

Unlust und Langeweile

Die Bedeutung von Langeweile

Während Kinder Rückzug und Auszeiten immer wieder genießen, um sich vor Überforderung und Überreizung zu schützen, gibt es auch Zeiten, wo sie über Langeweile klagen und ständig unterhalten werden möchten.

Kinder fühlen sich manchmal besonders unlustig und finden schlecht zu einer konzentrierten Beschäftigung, wenn sie körperlich nicht ausgelastet sind. Ein Ortswechsel oder die Möglichkeit zur Bewegung sind deshalb besonders günstig, um gelangweilten Kindern wieder auf die Sprünge zu helfen.

Langeweile sollte aber nicht prinzipiell negativ gesehen werden. Wenn Langeweile ausgehalten wird, kann sie auch einen neuen Einfall, einen neuen Energieschub auslösen. Da einige Kinder aber gewohnt sind, ständig unterhalten zu werden – sei es durch pädagogische Anregungen oder durch das Freizeitprogramm der Eltern – fällt es ihnen besonders schwer, Zeiten der Langeweile mit eigenen Ideen zu überwinden.

Langeweile aus eigener Kraft überwinden

Aus der Erfahrung, unangenehme Situationen selbstständig gemeistert zu haben, kann Selbstvertrauen entstehen: Kinder, die gelernt haben, Langeweile – eventuell zunächst mit Anregungen durch Erwachsene – selbst auszufüllen und kurzfristig frustrierende Gefühle auszuhalten, können ausreichend Selbstvertrauen, Mut und Kreativität entwickeln. Andernfalls können Ängste und Abhängigkeiten dazu führen, dass sich Kinder nicht zutrauen, alleine mit unangenehmen und frustrierenden Situationen fertig zu werden (Ressel, 2000).

Die Entwicklung des Zeitgefühls

Das Zeiterleben und die Entwicklung des Zeitgefühls hängen von vielen verschiedenen biologischen, psychologischen und kulturellen Bedingungen ab. Die zunehmende Reifung des Gedächtnisses und der Speicherkapazität, die Lenkung der Aufmerksamkeit sowie die Fähigkeit zum abstrakten Denken sind für die Zeiteinschätzung mitbestimmend. Besonders wichtig ist auch die Art und Weise, wie die Bezugspersonen mit Zeit umgehen.

Grundsätzlich gilt, dass das Zeitgefühl von Kindern vor dem dritten Lebensjahr noch nicht wirklich ausgeprägt ist. Zwischen dem 7. und dem 12. Lebensmonat bildet das Kind erstmals die Fähigkeiten aus, die Vergangenheit abzurufen, Vergangenheit und Gegenwart miteinander zu vergleichen und Ereignisse vorauszusehen, die in unmittelbarer Zukunft geschehen werden. Auch im Spracherwerb werden grammatikalische Strukturen zur Beschreibung von zeiltichen Strukturen erst nach und nach entwickelt – etwa, dass Phrasen wie „nach dem Essen", „vor dem Schlafen" etc. gebraucht werden (Mussen, Conger, Kagan & Huston, 1993; Deutscher Familienverband, 1999).

Zeit ist nicht gleich Zeit

Die Uhrzeit ist für Kinder im Kindergarten noch nicht einschätzbar. Im letzten Kindergartenjahr beginnt sich bei Kindern allmählich ein Verständnis für die Uhrzeit zu entwickeln, dies ist aber von Kind zu Kind verschieden. Relativ früh hingegen gewöhnen sich Kinder an bestimmte Tagesroutinen, die ihnen Sicherheit vermitteln. Trotzdem leben Kinder im Moment. Das Hier und Jetzt ist wichtig und nicht das Morgen und Nachher. Besonders deutlich und intensiv zeigt sich das in kindlichen Spielprozessen, in denen Zeit keine Rolle zu spielen scheint. Einzig und allein die Hingabe im Spiel zählt.

Aufgaben im Kindergarten

Auch Kindergartenpädagog/innen fällt es nicht immer leicht, die Kinder gewähren zu lassen oder sich selbst einmal eine Zeit der Muße zu gönnen. Oft wird der Kindergartenalltag mit geplanten Beschäftigungen und Aktivitäten von der Kindergartenpädagogin ausgefüllt.

Von der Beschäftigungspädagogik abkommen

Magda Gerber (2000) vermisst bei solch einer Erziehungshaltung vor allem Authentizität, Aufmerksamkeit und Achtsamkeit. Man sollte hingegen die Zeit im Kindergarten einfach mit den Kindern verbringen, nur da und erreichbar sein, ohne mit ihnen zu spielen oder ihnen etwas beizubringen, während sie sich alleine beschäftigen. Dadurch wird man viel empfänglicher für ihre Bedürfnisse, ihr Tempo und ihre Eigenart sein.

Mehr Erlebnis-Qualität durch Langsamkeit

Der Kindergarten sollte sich als Oase verstehen, wo Kinder die Dinge in ihrem Tempo vorantreiben können. Im Kindergarten können Alternativen zur Alltagshast erlebbar gemacht werden: Schauen, Trödeln, Nachdenken und Hinhören und Behutsamkeit gegenüber Dingen und Menschen sind Möglichkeiten, erfüllte Augenblicke zu erleben. In unserer Zeit, die von Hektik und Zeitstress geprägt ist, gewinnen Haltungen wie Geduld,

Warten-Können oder Nachdenklichkeit mehr an Bedeutung denn je zuvor. Hier kann der Kindergarten gesellschaftlichen Tendenzen entgegenwirken.

Lässt man den Kindern viel Zeit für ihr eigenes Spiel, ihr eigenes Tempo beim Erkunden und Erforschen der Dinge, vermittelt man ihnen Vertrauen in ihre eigenen Kompetenzen, alleine zu spielen und Probleme und Konflikte selbst zu lösen.

Spielzeugfreier Kindergarten

Spannende Erkenntnisse dazu liefern auch die wissenschaftlichen Ergebnisse des „Spielzeugfreien Kindergartens". Hier hat sich ganz deutlich gezeigt, wie Kinder ohne Spielmaterial Fähigkeiten entwickeln, Spiele selbst zu erfinden und soziale Kompetenzen auszubilden. Auch die Rolle der Kindergartenpädagogin ändert sich: Sie lernt den ungeplanten Aktivitäten der Kinder eine größere Bedeutung zuzumessen.

Ist das Projekt „Spielzeugfreier Kindergarten" in einem Kindergarten geplant, müssen sich alle Beteiligten mit der entsprechenden Literatur auseinander setzen. Das Kindergartenteam und die Eltern müssen unbedingt in die Vorbereitung und Durchführung mit einbezogen werden.

Freispiel

Vorbereitete Umgebung

Keine Angst, wenn nicht jeder Tag im Kindergarten minutiös durchgeplant ist! Kinder sollen nicht dauernd beschäftigt werden. Wichtig ist vielmehr, dass Pädagog/innen durch ihre Fachkompetenz eine vorbereitete Umgebung schaffen, die Kinder anregt, zu innerer Ausgeglichenheit und zunehmender Eigenständigkeit zu gelangen. Dazu braucht es Vertrauen in die Kompetenzen und Entwicklungspotenziale der Kinder.

Auch Freispiel muss gelernt sein

Natürlich können Kinder in relativ großen Gruppen nicht gleich von Beginn an alleine intensiv und ausdauernd spielen. Um die Freispielzeit wirklich für sich nutzen zu können, brauchen Kinder unter anderem eine gute Regelstruktur, Gewöhnung an das freie Spiel, Übung darin und viel anfängliche Unterstützung durch die Kindergartenpädagogin. Am Beginn des Kindergartenjahres sollte sie sich deshalb viel Zeit für eine gute Einführung in den Alltag nehmen.

Das Kind macht sich die Welt im Spiel verfügbar

Grundsätzlich sollte sich die Kindergartenpädagogin immer vor Augen halten, dass jeder Mensch das ursprüngliche Potenzial hat, seine Anlagen optimal zu entwickeln. Es gibt kein Kind, das nicht von Natur aus wissbegierig und interessiert ist. Daraus folgt, dass eigentlich jedes Kind, ungeachtet seines Temperaments, gerne lernt und – da das Spiel ja eine Grundform kindlichen Lernens ist – auch gerne spielen will.

Viel Zeit fürs Freispiel

Für die Kindergartenpädagogin sollte es daher oberste pädagogische Priorität sein, Kinder beim freien Spiel zu unterstützen und ihnen dafür den Hauptanteil der Zeit zur Verfügung zu stellen. Bewusstes Intervenieren bedeutet in diesem Zusammenhang zu wissen, wann man nicht interveniert – und das ist schwierig.

Nach Emmi Pickler (1997) muss die Pädagogin darauf achten, den Absichten der Kinder nicht vor- oder dazwischenzugreifen, sie nicht zu dirigieren, zu manipulieren oder ihnen zu helfen. Ihre Aufgabe ist es vielmehr, die Umgebung der Kinder entsprechend ihren Bedürfnissen sorgfältig vorzubereiten.

Vielen Pädagog/innen fällt es schwer, Kinder in ihrem Rahmen frei ihre Erfahrungen sammeln zu lassen und nur in „Bereitschaft" zu bleiben. Wenn man aber den Anspruch hat, dass Kinder dauernd beschäftigt sein müssen, vermittelt man den Kindern dadurch die Haltung, dass man ständig aktiv sein soll.

Kinder haben unbewusst das Bedürfnis, die Wünsche und Vorstellungen ihrer Bezugspersonen zu erfüllen, sowohl im Positiven als auch im Negativen. Durch die Erwartungshaltung, ständig sinnvoll beschäftigt sein zu müssen, verlernen Kinder also regelrecht Authentizität, Ruhe und Gelassenheit und verlieren das Gespür für ihre eigenen Bedürfnisse.

Die innere Ruhe der Kindergartenpädagogin

Für eine harmonische und intensive Freispielzeit im Kindergarten ist es auch entscheidend, ob die Kindergartenpädagogin selbst Unruhe, Ungeduld und Unachtsamkeit oder Ruhe, Mitgefühl und Einfühlsamkeit ausstrahlt. Genauso spielt die Umgebung, wie etwa die Raumgestaltung, die Gruppenregeln oder die Organisation des Tagesablaufes eine wichtige Rolle für ein intensives Freispiel. Wichtig ist hier, dass es klare Strukturen und Orientierungshilfen gibt, die es Kindern ermöglichen, sich ihren Spielideen ohne Gefahr hinzugeben.

Rückzug vom Alltag

Bitte nicht stören!

Im Kindergarten müssen spezielle Rückzugsmöglichkeiten vorhanden sein, wo sich Kinder vom Zeit- und Gruppendruck zurückziehen können. Bei der Einrichtung dieser Orte sind der Kreativität keine Schranken gesetzt: Zelte, Höhlen, große Schachteln oder Räume unter Treppen eignen sich dafür genauso wie „überflüssige" Nischen oder Winkel im oder außerhalb des Gruppenraumes, die individuell und gemütlich gestaltet werden können.

Eindrücke verarbeiten können

Rückzug ist für alle Kinder wichtig. Aber gerade jene, die täglich viele Stunden im Kindergarten bleiben, benötigen solche Orte umso mehr, um die vielen Eindrücke eines langen Kindergartentages verarbeiten zu können. Dasselbe gilt z. B. auch für sehr junge Kinder oder Kinder in der Eingewöhnungsphase.

Anregungen für die Planung

Vorbereitete Bildungsangebote dürfen nicht zum beherrschenden Faktor eines Kindergartentages werden. Die Planung sollte vielmehr den Rahmen dafür sichern, dass Kinder in Ruhe Erfahrungen machen und vertiefen können. Innerhalb der Tagesplanung sind deshalb Zeiten der Ruhe wichtig, wo reflektiert, nachgedacht oder ausgeruht werden kann.

Für einen Kindergartenalltag, der den Kindern Freiraum und zeitliche Großzügigkeit ermöglicht, sind folgende Aspekte wichtig:

- Der Gruppenraum sollte so gestaltet werden, dass die Eigenständigkeit der Kinder ermöglicht wird und vielfältige Spielprozesse gleichzeitig stattfinden können. Dafür sind z. B. multifunktionale Bereiche geeignet, die mit Teppich ausgelegt sind.
- Im Gruppenraum sollten Bereiche vorhanden sein, in die sich die Kinder zurückziehen können und wo sie alleine und unbeobachtet sein dürfen. Dazu eignen sich z. B. große Schachteln oder Zelte.
- Das Bedürfnis der Kinder nach Bewegung muss gestillt sein, damit sie auch Lust zum Trödeln, Schauen oder Kuscheln sowie zum konzentrierten Spiel entwickeln.
- Im Alltag sollten Trödelspiele vorhanden sein und Angebote zum Nachdenken und Hinhören sowie Entspannungs- und Atemübungen einfließen.
- Bei der Auswahl der Spielmaterialien ist darauf zu achten, dass der Gruppenraum nicht mit vorgefertigtem Spielzeug überfüllt ist. Im Laufe des Jahres kann Einzelnes ausgetauscht werden. Das Spielmaterial sollte am Beginn des Kindergartenjahres gut eingeführt werden, damit die Kinder mit der Anwendung und eventuellen Regeln vertraut sind.
- Um Subjektivierungs- und Vergegenständlichungsprozesse zu ermöglichen, sollte vielfältiges unstrukturiertes Material wie Papier, Schachteln, Wolle etc., vorhanden und jederzeit verfügbar sein.

- Die Kindergartenpädagogin sollte sorgfältig überlegen, wie das Material so aufbewahrt werden kann, dass es die Kinder selbstständig benützen können – ohne auf ihre Hilfe angewiesen zu sein.
- Die Planung einer klaren Regelstruktur dient der Selbstständigkeit der Kinder. Die Regeln sollten im Laufe des Jahres in Wechselwirkung mit den Kindern an deren Bedürfnisse angepasst werden. Sie müssen nicht ständig fragen und um Anleitung bitten.
- Die Planung sollte Möglichkeiten vorsehen, im Alltag das Gefühl der Kinder für Zeit, zeitliche Rhythmen und unterschiedliche Zeitspannen zu fördern. Durch das gleitende Gabelfrühstück bzw. die Jause lernen die Kinder beispielsweise, dessen zeitlichen Rahmen einzuschätzen. Dabei sollten die Kinder je nach Alter unterstützt werden – z. B. durch die Erinnerung, dass die Zeit für Gabelfrühstück/Jause bereits begonnen hat.
- Durch eine gute Planung der Übergänge im Kindergartenalltag kann die Zeit zwischen den täglichen Fixpunkten intensiver und ungestörter genützt und erlebt werden. Fließende Übergänge und die Verminderung von überflüssigen Wartezeiten sind wichtige Komponenten für das Wohlbefinden der Kinder.
- Der Zeitpunkt für gemeinsame Aktivitäten sollte sich aus dem Ablauf des Alltags ergeben und so gewählt sein, dass die Kinder nicht immer wieder in ihren freien Spielprozessen unterbrochen werden. Dafür eignet sich z. B. die Zeit vor dem gemeinsamen Mittagessen.

Fragen zur Reflexion

Zur Reflexion kann sich die Kindergartenpädagogin folgende Fragen stellen:

- Wie gehe ich selbst mit Zeitdruck und Stress um bzw. wie reagiere ich darauf?
- Erlebe ich selbst Zeiten, in denen mich kein Kind braucht, als langweilig und frustrierend oder kann ich sie positiv nutzen, um zu beobachten, wieder Energie aufzutanken und neue Ideen zu entwickeln?
- Gebe ich den Kindern genügend Zeit, um neue Eindrücke zu verarbeiten und fördere ich damit Subjektivierungsprozesse? Haben die Kinder genügend zeitliche Freiräume, um neues Material zu erkunden und auszuprobieren sowie alte Erfahrungen mit neuen zu verknüpfen?

- ❍ Wie reagiere ich darauf, wenn Kinder über Langeweile klagen? Unterstütze ich sie behutsam dabei, selbst aktiv zu werden oder gebe ich ihnen durch meine vorschnellen Angebote und Vorschläge kaum Entwicklungsmöglichkeiten?
- ❍ Habe ich den Anspruch an mich selbst, die Kinder dauernd beschäftigen zu wollen? Worin liegt dieser Anspruch begründet?
- ❍ Bin ich für die individuellen Bedürfnisse der Kinder empfänglich oder konzentriere ich mich eher auf die geplante Bildungsarbeit?
- ❍ Kann ich Leerläufe und Freispielzeit vor den Eltern pädagogisch fundiert begründen?
- ❍ Kann ich mich von dem Druck lösen, dass immer alle Kinder alle Angebote wahrnehmen müssen?
- ❍ Nimmt die Festgestaltung im Jahreskreis so viel Zeit in Anspruch, dass wenig Raum für innovative Projekte bleibt? Ist während der Vorbereitung auf ein Fest genügend zeitlicher Freiraum für Subjektivierungs- und Vergegenständlichungsprozesse vorhanden?

Eltern- und Öffentlichkeitsarbeit

Bewusstsein bei den Eltern schaffen

Die Eltern müssen über die pädagogische Bedeutung des Freispiels und des Rückzugs informiert werden, um diese Phasen nicht als „unproduktive" Zeit zu betrachten. Diese Information kann in Form von Dias, Fotos oder Protokollen aus dem Kindergartenalltag stattfinden. Dadurch wird bei den Eltern das Bewusstsein für die entwicklungsfördernde Bedeutung des freien Spiels geweckt.

Der Schwerpunkt „Freispiel" kann in der Kindergartenkonzeption, die die Eltern bereits bei der Einschreibung ihres Kindes erhalten sollten, ausgeführt und begründet werden.

Freispiel fördert Entwicklung

In regelmäßigen Tür- und Angelgesprächen sollten die Eltern von der Kindergartenpädagogin über die Entwicklung ihrer Kinder, z. B. deren zunehmende Geschicklichkeit oder Kreativität im Freispiel informiert werden. Dadurch kann die Wertschätzung der Eltern gegenüber dem freien Spiel und dem Agieren ohne Zeitdruck erhöht werden.

Verplante Freizeit

Der Kindergarten sollte gesellschaftlichen Strömungen entgegenwirken, die Kinder in ihrer Freizeit zunehmend unter Zeit- und Leistungsdruck setzen und sie dadurch überfordern. In Elterngesprächen kann die Kindergartenpädagogin aufklärend wirken, wenn sie den Eindruck hat, dass einzelne Kinder mehr Ruhe, Zeit und Muße benötigen.

Teamarbeit

Folgende Anregungen sollten im Team berücksichtigt werden:

- Gemeinsam sollte eine Kindergartenkonzeption erstellt werden, in der der Wert des Freispiels betont wird und die dafür notwendigen pädagogischen Bedingungen ausgearbeitet werden.
- Mehrere Gruppen eines Kindergartens können gemeinsame Rückzugs- und Bewegungsmöglichkeiten schaffen. Dafür könnten „überflüssige“ Räume, z. B. unter Stiegen, genützt werden.
- Diaserien über Tätigkeiten der Kinder im nicht angeleiteten Spiel illustrieren, wie die Selbst-, Sozial- und Sachkompetenz der Kinder dadurch gefördert wird. Diese Serien können für die Eltern- und Öffentlichkeitsarbeit verwendet werden.
- In Teamsitzungen kann gemeinsam überlegt werden, wie Kinder unterstützt werden könnten, die besondere Schwierigkeiten haben, „in Ruhe“ zu spielen. Dabei ist der gegenseitige Austausch der Kolleg/innen besonders hilfreich.
- Im Teamgespräch können sich die Kolleg/innen darüber austauschen, was Langeweile für sie persönlich bedeutet.

Nehmen Sie sich Zeit, diese Anregungen mit Ihren eigenen Ideen und Überlegungen zu ergänzen.

Alltagssituation: Fiona und Jakob benötigen Zeit für ihre Pläne

Fiona sägt am Morgen beim Werktisch ein Holzstück. Da kommt Jakob zu ihr und fragt, ob er auch werken darf. Nachdem sie eingewilligt hat, beginnt er, Nägel in einen dafür vorgesehenen Block einzuschlagen. Fiona meint: „Du, ich mach ein Schiff. Hilfst du mir?“ Er stimmt zu und beide überlegen, was sie alles benötigen. Jakob holt Wolle, leere Spulen, Papier etc. aus unserem Werkregal.
Mitten im Tun kommt Sebastian, der diese Woche Tischdienst hat, und sagt: „Geht essen, ihr seid die Letzten.“ Fiona erwidert: „Wir haben jetzt keine Zeit dazu, wir müssen hier fertig werden. Siehst eh!“ Sebastian, der seinen Dienst sehr ernst nimmt, erzählt es mir. Ich gehe in den etwas abseits gelegenen Werkbereich und sehe dort das chaotisch wirkende Durcheinander von verschiedenen Materialien am Tisch und am Boden. „Na, wer wird das zusammenräumen“, rutscht es mir heraus. „Na wir!“,

sagen beide. Ich mache sie darauf aufmerksam, dass sie jetzt essen gehen sollten, weil sonst abgeräumt wird. Ich weiß, dass vor allem Jakob sein Gabelfrühstück/Jause immer voll Genuss isst. Doch er ist so mit seinem Plan beschäftigt, dass er mir versichert, er habe heute keinen Hunger und der Sebastian könne ruhig den Tisch abräumen. Ich akzeptiere es und gehe. Einige Zeit später will ich mit den Kindern in den Turnsaal gehen. Doch als ich das ankündige, sind Fiona und Jakob noch nicht mit ihrem Tun fertig. Sie fertigen gerade Figuren aus Papier an. Beide zeigen unverkennbar ihre Abneigung gegenüber meinem Plan und erklären mir, dass die Figuren Max und die wilden Tiere aus dem Bilderbuch „Wo die wilden Kerle wohnen" seien. Dieses Bilderbuch steht seit längerer Zeit im Bilderbuchbereich. Ich erinnere mich, dass Fiona es häufig von mir vorgelesen bekommen wollte. Beide Kinder – sonst immer von Bewegungsmöglichkeiten begeistert – sind heute so konzentriert beschäftigt, dass sie nichts ablenken kann. Ich sage zu ihnen: „Alleine könnt ihr aber im Werkbereich nicht bleiben, denn wenn ihr euch mit einem Werkzeug verletzt, bin ich nicht gleich zur Stelle. Was könnten wir denn da machen?" Jakob schaut auf und sagt: „Wir passen eh auf." Nachdem ich beiden aber nochmals ausdrücklich erklärt habe, warum ich nicht möchte, dass sie alleine bleiben, sagt Jakob: „Na, dann kommt halt die Frau Hermi." Frau Hermi ist unsere Helferin. „Gut", sage ich, „da müsst ihr sie aber fragen." Jakob geht, um Frau Hermi zu suchen. Als er zurückkommt, meint er: „In 10 Minuten hat sie Zeit."

Als ich mit den Kindern vom Turnen zurückkomme, spielen Fiona und Jakob mit ihrem eigenen Schiff ein Rollenspiel. Nach einiger Zeit kommt Fiona und sagt zu mir: „Ich habe Hunger – kann ich noch essen?“ Ich überlege kurz und finde, dass eigentlich nichts dagegen spricht. Ich sage zu ihr: „Ja, du kannst noch essen, aber du musst dir alles selbst herrichten.“ Sie ist einverstanden und holt sich ihre Jausentasche, deckt einen Platz auf und genießt ihr Essen und die Ausnahmesituation. Jakob aber verzichtet heute ganz auf sein Essen und spielt mit Fabian weiter.

In der Alltagssituation werden unter anderem folgende Kompetenzen angesprochen:

Selbstkompetenz

- *Förderung der Bedürfnissensibilisierung, indem die Kinder ihren aktuellen Bedürfnissen – nämlich weiter zu werken – folgen dürfen und sich nicht an den vorgegebenen Tagesrhythmus anpassen müssen. Die Kinder setzen selbst Prioritäten, welches Bedürfnis ihnen zur Zeit am wichtigsten ist.*
- *Die Kinder grenzen sich gegenüber den Plänen und Vorschlägen der Kindergartenpädagogin ab und verfolgen ihre eigenen Pläne.*
- *Die Kinder finden selbst eine Bewältigungsstrategie für das Problem, dass die Kindergartenpädagogin sie nicht alleine im Gruppenraum lassen möchte – sie holen die Helferin.*
- *Förderung von Feinmotorik und Geschicklickeit durch das Hantieren mit Werkzeugen.*
- *Konzentration und Ausdauer der Kinder werden unterstützt, indem sie ihr Vorhaben über längere Zeit verfolgen dürfen und nicht unterbrochen werden.*
- *Förderung der Selbstständigkeit: Fiona richtet ihr Gabelfrühstück/ ihre Jause selbst her, nachdem sie doch Hunger bekommen hat.*
- *Die Kinder werden in ihrer Identitätsentwicklung unterstützt, indem die Kindergartenpädagogin die prozesshafte Arbeit der Kinder zulässt.*

Sozialkompetenz

- *Die Kinder lernen am Vorbild der Kindergartenpädagogin den partnerschaftlichen Umgang miteinander. Diese akzeptiert die Pläne der Kinder, setzt sich mit ihren Wünschen auseinander und stellt ihnen genügend Zeit zur Verwirklichung zur Verfügung.*
- *Die Kinder erleben Toleranz, indem Ausnahmen akzeptiert werden: Fiona darf noch außerhalb der üblichen Zeit ihr Gabelfrühstück essen. Regeln werden als Unterstützung des Alltags und nicht als unumstößliches Prinzip gesehen.*
- *Fiona und Jakob vertiefen ihre Freundschaft, indem sie gemeinsam eine Idee entwickeln und diese in Ruhe in die Realität umsetzen können.*
- *Förderung von Verantwortungsgefühl: Die Kinder müssen selbst dafür die Verantwortung übernehmen, nach ihrem intensiven Spiel wieder aufzuräumen.*

Sachkompetenz

- *Die Kinder erwerben Wissen über verschiedene Materialien, wie Holz, Wolle etc.*
- *Die Kinder lernen den Umgang mit Werkzeugen, z. B. mit der Schere, dem Hammer etc.*
- *Unterstützung der Fähigkeit, eigene Ideen zu planen und umzusetzen: Die Kinder denken sich Rollenspiele aus und setzen diese in die Realität um.*
- *Die Kinder erwerben Handlungskompetenz beim Umgang mit Materialien und Werkzeug. Weiters finden sie selbst eine Möglichkeit weiterzuspielen, indem sie die Helferin holen.*

Die Analyse des Beispiels macht folgende transaktionale Prozesse sichtbar:

Transaktionale Prozesse

- *Objektivieren: Die Kinder passen sich an die Eigengesetzlichkeiten der Materialien, mit denen sie werken, an. Das Kind, das Tischdienst hat, übernimmt die Organisation des Gabelfrühstücks/ der Jause nach einem vorgegebenen Ablauf.*
- *Subjektivieren: Die Kinder bringen ihre eigenen Bedürfnisse ein und sagen, dass sie jetzt nicht essen bzw. in den Turnsaal mitgehen wollen, sondern lieber weiter werken möchten.*

Aneignen: Die Kinder finden kreatives Material vor und werden angeregt, es in ihr Vorhaben mit einzubeziehen. Jakob lernt, Nägel einzuschlagen.
Vergegenständlichung: Die Kinder bauen ein Schiff nach eigener Idee. Sie zeichnen die Figuren aus dem Bilderbuch „Wo die wilden Kerle wohnen" nach und erfinden damit ein Rollenspiel.

Tischlein, deck dich!

Essen ist ein Grundbedürfnis und daher lebensnotwendig. Die Mahlzeiten spielen eine wichtige Rolle im gemeinsamen Leben und ermöglichen eine Fülle von sozialen Kontakten und Wechselbeziehungen. Sie können genussvoll zelebriert und als Belohnung, als Trost, als Bestrafung oder Bestechung eingesetzt werden.

Kulturelle Bedeutung des Essens

Was wir essen, wo und wann gegessen wird, ist stark von unserer Kultur geprägt. Nahrung symbolisiert Liebe, Zuwendung, Glück, Heimat oder Entspannung, um nur einiges zu nennen. Kein Wunder also, dass Eltern sich belohnt, bestätigt und geliebt fühlen, wenn ihr Kind gut isst, Essensverweigerung ihres Kindes aber oft als Ablehnung der eigenen Person deuten (Gerber, 2000).

Im Kindergartenalltag nehmen die gemeinsamen Mahlzeiten einen besonderen Stellenwert ein. Sie sind vor allem ein soziales Ereignis und bieten vielfältige Möglichkeiten, die Ausgewogenheit der transaktionalen Prozesse zu verbessern.

Entwicklungspsychologische Erkenntnisse zeigen, wie sensibel der Bereich der Nahrungsaufnahme ist und wie eng er mit der Persönlichkeitsentwicklung des Kindes verknüpft ist.

Entwicklungspsychologische Grundlagen

Jedes Kind is(s)t anders

Die jeweiligen Essgewohnheiten eines Kindes sind eng mit seinen individuellen familiären Erfahrungen im Umgang mit der Nahrungsaufnahme verbunden. Menge, Häufigkeit und Zeitpunkte des Essens sind von Kind zu Kind verschieden und von seinem Gesundheitszustand, seiner emotionalen Befindlichkeit, seinem Alter oder seinen motorischen Aktivitäten abhängig. Ob das Essverhalten eines Kindes als auffällig bewertet wird, hängt meist von der subjektiven Einschätzung der jeweiligen Bezugspersonen ab.

Für die Entwicklung eines gesunden Essverhaltens ist es wichtig, dass die Umwelt sensibel auf das Nahrungsbedürfnis des Kindes achtet.

Ich weiß selbst, wie viel ich essen möchte

Kann das Kind selbst bestimmen, wann und wie viel es essen möchte, dann lernt es, auf seine Körpersignale zu achten und bildet eine „Gedächtnisspur“ für das Hungergefühl, das von anderen Spannungen und Bedürfnissen unterschieden werden kann (Ramstorfer, 1994). Deshalb ist es z. B. wichtig, das weit verbreitete Vorurteil, dass mollige Kinder gesünder sind und über „Reserven für schlechte Zeiten" verfügen, zu hinterfragen.

Niemals dürfen Kinder gezwungen oder überredet werden, mehr zu essen, als sie möchten. Der Anspruch, dass Kinder ihren Teller leer essen müssen, führt in der Regel dazu, dass sie die wichtige Fähigkeit der Selbstregulation verlieren.

Selbstverständlich wollen Eltern ihr Kind gut ernähren. Wenn aber Kinder z. B. vorübergehend weniger Appetit haben oder beim Essen besonders wählerisch sind, führt das bei Eltern oft zu schlechtem Gewissen oder zu Machtkämpfen zwischen Kind und Erwachsenen.

Essstörungen

Unregelmäßige Essgewohnheiten sind bei Kindern relativ häufig, vergehen aber im Laufe der Entwicklung oft wieder von selbst.

Es gibt aber auch bei Kindern Essstörungen, die wichtige Botschaften enthalten. Wenn Essschwierigkeiten nicht medizinisch begründbar sind, können Interaktionsprobleme oder emotionale Spannungen zu Grunde liegen, auf die mit verändertem Essverhalten reagiert wird. Die Ursachen für diese Spannungen können vielfältig sein, als Beispiele gelten Geschwistereifersucht oder der Wunsch nach mehr Autonomie und Freiraum. Die Bezugspersonen sollten ihre Aufmerksamkeit dann nicht auf eine Veränderung des Essverhaltens richten, sondern den Ursachen dafür sensibel auf den Grund gehen.

Die Bedeutung von Essstörungen erkennen

Wichtige Aspekte im Umgang mit Kindern, die Essschwierigkeiten zeigen, sind unter anderem Folgende:

- Bemühung um Gelassenheit und Distanzierung von der eigenen Betroffenheit.
- Eine ruhige und ausgeglichene Atmosphäre beim Essen, damit das Essen zu einem positiven sozialen und emotionalen Erlebnis wird.
- Positives Modell der Bezugspersonen, da Essprobleme oft erlernt sind (Utz, 1999).

Umgang mit Essproblemen

Aufgaben im Kindergarten

Im Kindergarten nimmt das gemeinsame Essen eine wichtige Position im sozialen Geschehen ein. Die Gestaltung der Mahlzeiten prägt nachhaltig die Gefühle, die sowohl Kinder als auch Eltern mit dem Kindergarten verbinden.

Die Atmosphäre beim Essen beachten

Die Atmosphäre beim Essen und die entsprechenden Rahmenbedingungen, wie z. B. ein geeigneter Raum und die Zeitplanung, sollten so gestaltet sein, dass das Essen ein positives und gemütliches soziales Erlebnis wird. Ernährungsberater/innen verweisen auf die Bedeutung von Gefühlen, die mit dem Essen in Verbindung gebracht werden: So macht die gute Stimmung mit Freund/innen das Gabelfrühstück/die Jause noch angenehmer.

Die Gestaltung der Mahlzeiten eignet sich sehr gut, um den Kindern eine Fülle an Handlungs- und Gestaltungsmöglichkeiten zu eröffnen.

Mittun und mitbestimmen

Selbstständigkeit und Mitbestimmung durch die Kinder sollten daher im Vordergrund stehen: Die Kinder wählen frei, ob, was und wie viel sie essen oder trinken möchten. Sie helfen beim Tischdecken, nehmen sich selbstständig aus den Schüsseln oder schenken sich Getränke ein und räumen das Geschirr nach dem Essen wieder weg. Beim gemeinsamen Herrichten und Tischdecken, beim Auswählen – aber auch Ablehnen – von Speisen können Austauschbeziehungen besonders gut transparent gemacht und optimiert werden.

Ernährungserziehung im Kindergarten

Gerade im Kindergarten kann die Ernährungserziehung sehr gut in den Alltag integriert werden, indem die Kindergartenpädagogin während der Mahlzeiten mit den Kindern über ausgewogene Ernährung oder die Zusammensetzung der Lebensmittel spricht.

Anregungen für die Planung

Die Gestaltung der Mahlzeiten kann auf sehr unterschiedliche Weise gelingen. Folgende Aspekte sind für die Planung zu beachten:

- Am Beginn des Kindergartenjahres ist viel Zeit notwendig, um die Kinder mit dem Ablauf der Mahlzeiten vertraut zu machen und eine angenehme und entspannte Atmosphäre entstehen zu lassen. Damit wird das Grundmuster für das ganze Kindergartenjahr gelegt. Aber auch, wenn die Kinder schon gut Bescheid wissen, sollte das gemeinsame Essen weiterhin mit viel Aufmerksamkeit bedacht werden.
- Die Kindergartenpädagogin sollte mit den Kindern gemeinsam essen. Sie muss sich bewusst sein, dass sie für die Kinder Vorbildwirkung hat. Das betrifft sowohl die Auswahl der Nahrungsmittel als auch das Erlernen von Tischkultur. Anregende Tischgespräche tragen zu einer angenehmen Atmosphäre bei. Durch ihr entspanntes Mit-Essen signalisiert die Kindergartenpädagogin den Kindern, dass sie sich Zeit fürs Essen nimmt.

- Religiös oder kulturell bedingte Ernährungsgewohnheiten müssen respektiert und dürfen nicht bewertet werden. Indem diese Besonderheiten in den Kindergartenalltag mit einbezogen werden, können Bezüge zwischen den Lebenswelten und kulturellen Umwelten der Kinder hergestellt werden.
- Nahrungsmittelunverträglichkeiten (bei Allergien oder aktuellen Erkrankungen) müssen in Absprache mit den Eltern berücksichtigt werden.
- Indem die Kinder angeregt werden, selbst Tischdekorationen herzustellen oder sich über das Schmücken des Tisches Gedanken zu machen, werden Vergegenständlichungsprozesse ermöglicht. Zugleich werden dadurch Fantasie und Kreativität der Kinder gefördert. Vergegenständlichung findet auch statt, wenn Kinder z. B. Kuchen backen oder Obstsalat zubereiten.
- Für das Erlernen von Tischkultur ist es notwendig, dass die Kinder alles dafür Notwendige zur Verfügung haben, wie Tischtuch oder Set, Porzellangeschirr, Trinkgläser, Servietten, entsprechendes Besteck etc.
- Beim Essen werden alle Sinne angesprochen. Die Kindergartenpädagogin kann bei dieser Gelegenheit die Kinder darauf aufmerksam machen, wie gut es riecht oder wie schön das Essen hergerichtet ist. Dies trägt zur Ausbildung von Selbstkompetenz bei.
- Besondere Anlässe, wie z. B. Feste, sollen auch bei der Gestaltung der Mahlzeiten zum Ausdruck kommen. Dabei können Kerzen, Musik oder besonderer Tischschmuck verwendet werden. Ermutigen Sie die Kinder, mit eigenen Ideen die Feier mitzugestalten.
- Mahlzeiten eignen sich besonders gut dazu, Austauschprozesse zwischen den Kindern und ihrer Umwelt zu initiieren. So können etwa die Eltern Speisen mitbringen oder selbst mit den Kindern zubereiten.
- Bei der Zubereitung der Mahlzeiten muss auf die Ausgewogenheit der Nährstoffe geachtet werden. Als Zwischenmahlzeit kann aufgeschnittenes Obst und Gemüse angeboten werden.
- Bei der Auswahl von Firmen für die Essenszustellung müssen die Angebote nach Ausgewogenheit beurteilt werden. Scheuen Sie sich nicht, Vorschläge zu machen.
- Der Umgang mit Süßigkeiten und Lebensmitteln mit verstecktem hohen Zuckeranteil, wie z. B. Dicksaft, sollte überlegt und mit den Eltern abgesprochen werden.

- Neben der Vermittlung von Ernährungsbewusstsein kann bei der Gestaltung der Mahlzeiten auch der Umweltgedanke mit einfließen. Beispielsweise kann Biomüll gesammelt oder auf Verpackungen geachtet werden.
- Die Förderung des Ernährungsbewusstseins der Kinder kann auch zusätzlich durch ein Projekt – z. B. „gesund Essen" – das über längere Zeit hinweg als thematischer Schwerpunkt angeboten wird, erfolgen.
- Ob Gabelfrühstück bzw. Jause gleitend oder gemeinsam stattfinden, ist von den unterschiedlichen Bedürfnissen der Kinder abhängig. Während des Jahres oder bei besonderen Anlässen kann durchaus ein Wechsel stattfinden.
- Die Kinder sollten während des ganzen Tages die Möglichkeit haben zu trinken.

Fragen zur Reflexion

Folgende Fragen können für die Kindergartenpädagogin für die Reflexion hinsichtlich der Gestaltung der Mahlzeiten bedeutend sein:

- Welchen Stellenwert nimmt die Planung der Mahlzeiten in meinen Vorüberlegungen ein?
- Ist der Ablauf der Mahlzeiten den Bedürfnissen meiner Gruppe angepasst?
- Laufen die täglichen Mahlzeiten im Kindergarten harmonisch und ohne Zeitdruck ab? Gibt es bestimmte Rituale beim Essen?
- Sind die Übergänge rund um die Mahlzeiten gut überlegt und organisiert? Oder ergeben sich dabei Leerläufe und lange Wartezeiten?
- Unterstütze ich die Selbstständigkeit der Kinder beim Essen? Wodurch kommt diese Selbstständigkeit zum Ausdruck?
- Kenne ich die Essgewohnheiten und Vorlieben bzw. Abneigungen der Kinder und kann ich sie akzeptieren?
- Gibt es Situationen, die mich beim Essen besonders stören?
- Wie reagiere ich, wenn ein Kind nicht essen will? Finden beim Essen Machtkämpfe zwischen mir und den Kindern statt?
- Spüre ich Druck von Seiten der Eltern bezüglich des Essverhaltens ihrer Kinder? Kann ich dem professionell begegnen, indem ich im Gespräch die Bedürfnisse des Kindes in den Mittelpunkt stelle?
- Werden Süßigkeiten, Zuckerl usw. regelmäßig als Belohnung eingesetzt? Oder gibt es Alternativen dazu?

Eltern- und Öffentlichkeitsarbeit

„Essen" – ein wichtiger Teil des Lebens

Im Bewusstsein der entwicklungspsychologischen Bedeutung des Essens ist es wichtig, auch mit den Eltern über die Gestaltung der Mahlzeiten und über den Umgang mit dem Essen im Kindergarten zu reden. Der Austausch darüber, wie und was ein Kind im Kindergarten isst, ist oft eine gute Möglichkeit für die Kindergartenpädagogin, mit den Eltern in Kontakt zu treten.

Die Eltern müssen über das Angebot an Mahlzeiten im Kindergarten informiert werden, indem z. B. ein Essensplan aufgehängt wird.

Bereits beim Aufnahmegespräch sollten die Eltern nach besonderen Ernährungsgewohnheiten ihres Kindes befragt werden. Beim ersten Elternabend sollte das Thema „Mahlzeiten im Kindergarten" besprochen werden. Etwaige Wünsche und Anregungen der Eltern können aufgegriffen werden. Der Umgang mit Süßigkeiten sollte thematisiert werden.

Gemeinsam einkaufen und kochen

Die Eltern können eingeladen werden, mit den Kindern Speisen zuzubereiten oder bei der Organisation der Mahlzeiten mitzuhelfen. Bei Festen erklären sich Eltern oft bereit, die Gestaltung des Buffets zu übernehmen. In Zusammenarbeit mit den Eltern können auch verschiedene Projekte durchgeführt werden, wie z. B. die Kooperation mit einem Biobauernhof, um Obst und Gemüse zu beziehen oder um regelmäßig einen Bauernmarkt im Kindergarten zu veranstalten.

Wenn sich Eltern wegen Essschwierigkeiten ihrer Kinder an die Kindergartenpädagogin wenden oder sie dies bei einem Kind beobachtet, sollte sie den Kontakt zu Expert/innen, wie Psycholog/innen, herstellen.

Der Kindergarten nimmt bei der Aufklärung bezüglich Ernährungsfragen eine wichtige Rolle ein. So können z. B. Ernährungswissenschafter/innen zu einem Elternabend eingeladen werden.

Gesundheitsprojekte

Eine Form der Öffentlichkeitsarbeit könnte z. B. ein Artikel in regionalen Zeitungen über Gesundheitsprojekte im Kindergarten und deren präventiven Charakter sein. Weiters könnte die Teilnahme an WHO- oder EU-Projekten angestrebt werden.

Teamarbeit

In einer Teambesprechung werden gruppenübergreifende Abläufe von Mahlzeiten besprochen und aufeinander abgestimmt. Weiters sind folgende Aspekte wichtig:

- Wünsche der Kolleg/innen, die die Vorlieben ihrer Kinder kennen, sollten bei der Zubereitung der Mahlzeiten oder der Auswahl der Zulieferfirma mit einbezogen werden.
- Alle Kolleg/innen sind darüber informiert, wenn einzelne Kinder bestimmte Speisen nicht essen dürfen. In einem Heft sollten diese Informationen schriftlich festgehalten werden.
- Zusätzlich können gruppenübergreifende Projekte, wie z. B. buffettartiges Gabelfrühstück bzw. Jause für alle Gruppen, geplant werden.
- Es kann überlegt werden, ob eine Kollegin aus dem Team sich verantwortlich erklärt, die Teilnahme an einem internationalen Projekt zu organisieren, etwa zur Bedeutung einer nahrhaften Jause als präventive Gesundheitsmaßnahme im Kleinkindalter.

Nehmen Sie sich Zeit, diese Anregungen mit Ihren eigenen Ideen und Überlegungen zu ergänzen.

Alltagssituation: „Deck mir den Tisch, Johannes!“

Ronja kommt etwas nach acht Uhr zu mir und sagt: „Du, ich hab Hunger.“ Ich frage sie: „Und was möchtest du jetzt machen?“ Sie erwidert: „Essen, aber es ist ja nicht aufgedeckt.“ Ich sage: „Schau einmal, wer Tischdienst hat.“ Sie geht zur Wandtafel, wo die Zeichen der beiden Tischdienstkinder aufgehängt sind und sagt: „Johannes und Kathy.“ Ich fordere sie auf: „Bitte sie, dass sie aufdecken, weil du schon essen möchtest“.
Da Kathy noch nicht da ist, springt Ronja selbst ein. Sie geht mit Johannes in die Küche, gemeinsam holen sie den Servierwagen. Aus einem Kasten holt Johannes ein sauberes Tischtuch und breitet es auf dem großen, runden Tisch aus. Klaus wird gebeten vorher mit seinem Puzzle auf einen anderen Tisch zu übersiedeln.
Da Johannes bereits die zweite Woche diesen Dienst durchführt, übernimmt er das organisatorische Kommando. Er sagt: „Ich mach den Kakao und du holst Wasser.“ Ronja geht willig Wasser holen. Milch, Kakao, Tee und Leitungswasser werden in kleine Krüge eingefüllt und von Johannes auf einen Drehteller in die Mitte des runden Esstisches gestellt. Die Kinder haben so die Möglichkeit, selbstständig auszuwählen und einzuschenken. Einige andere Kinder werden durch dieses Tun aufmerksam und wollen gleich essen gehen. Johannes sagt: „Ich bin noch nicht fertig.“ Gemeinsam haben wir die Gruppenregel ausgemacht, dass zuerst das Kind, das

Tischdienst hat, fertig aufdecken darf. So kommt das Kind nicht unter zeitlichen Druck, denn manche Kinder brauchen ein bisschen länger.
In meiner Familiengruppe haben zu Beginn des Jahres die älteren Kinder das Vorrecht, Tischdienst zu machen. Sie sind selbstständiger, geschickter, können ihr Spiel für diese Tätigkeit leichter unterbrechen und brauchen sehr bald keine Unterstützung mehr. Jüngere Kinder dürfen im Laufe des Jahres aber auch den Tischdienst übernehmen. Ich nehme mir für die Einführung in diese Aufgabe viel Zeit.

Johannes faltet noch einige Servietten für den Serviettenständer. Er möchte Ronja sichtlich beeindrucken, indem er eine neue Technik des Faltens kreiert. Dann fragt er mich, wer heute noch kommt. In einer Schüssel liegen Kluppen mit den Zeichen der Kinder. Johannes zwickt nun jede dieser Kluppen auf ein Glas. Als er damit fertig ist, hat Ronja bereits die Triangel in der Hand, um das Gabelfrühstück einzuläuten. Johannes: „Nein, ich mach das.“ Aber diesmal gibt sie nicht auf. Sie versteckt die Triangel hinter ihrem Rücken, läuft davon, schlägt auf die Triangel und lacht. Johannes geht zu ihr, haut ihr auf die Schulter und schaut sie böse an. „Ich mach das!“ schreit er. Ängstlich und doch befriedigt reicht sie ihm die Triangel. Er schlägt nochmals drauf. Das ist das Signal für die Gruppe.

Einige Kinder holen, nachdem sie die Hände gewaschen haben, aus der Garderobe ihren Kindergartenrucksack. Ronja sucht sich einen Platz, holt einen Teller und ihr Glas, das mit ihrer Kluppe gekennzeichnet ist. Die Kluppe kommt in die Schüssel zurück. Konrad, der heute keinen Hunger hat und nicht essen mag, legt seine Kluppe ebenfalls in die Schüssel. Während Ronja ihre Banane isst, führt sie mit Klaus interessante Gespräche über „Teletubbies". Als Ronja fertig ist, kommt sie zu mir und sagt: „Ich möchte auch einmal Tischdienst haben."

In dieser Alltagssituation werden unter anderem folgende Kompetenzen angesprochen:

Selbstkompetenz

- *Förderung der sprachlichen Ausdrucksfähigkeit: Die Kindergartenpädagogin überlässt es Ronja, Johannes mitzuteilen, dass sie schon Hunger hat und dass er mit dem Tischdecken anfangen soll.*
- *Das Gefühl für den eigenen Körper wird dadurch unterstützt, dass die Kinder essen dürfen, wann sie wollen. Sie können sich auch dagegen entscheiden, wenn sie keinen Hunger verspüren.*
- *Förderung der Selbstständigkeit durch das selbstverantwortliche Decken des Tisches.*
- *Feinmotorik und Geschicklichkeit werden durch den Umgang mit Geschirr, durch das Zubereiten des Kakaos und das selbstständige Eingießen weiter entwickelt.*
- *Aufschieben von Bedürfnisbefriedigung und Warten-Können ist notwendig, bis die Kinder, die Tischdienst haben, fertig sind.*

Sozialkompetenz

- *Kooperation und Zusammenarbeit sind nötig, da immer zwei Kinder gemeinsam Tischdienst haben und sich absprechen müssen.*
- *Förderung von Verantwortungsbewusstsein in der Gruppe: Zwei Kinder müssen sich verantwortlich fühlen und auch in der Lage sein, z. B. ihr Spiel zu unterbrechen, wenn die anderen Hunger haben und der Tisch hergerichtet werden muss.*
- *Hilfsbereitschaft ist dann gefragt, wenn die Kinder einander z. B. Getränke einschenken oder etwas reichen. In der Alltagssituation hilft Ronja Johannes beim Decken des Tisches, obwohl sie gar nicht Tischdienst hat.*

- *Durch das Gespräch der Kinder bei Tisch wird ihre Kommunikationsfähigkeit gefördert.*
- *Im Praxisbeispiel werden die Kinder auch bei der Entwicklung von Konfliktkultur unterstützt: Die Kindergartenpädagogin greift in den Konflikt zwischen Ronja und Johannes nicht gleich ein und gibt ihnen so die Möglichkeit, selbst eine Lösung zu finden.*

Sachkompetenz

- *Die Kinder erwerben Wissen über die Zubereitung von Nahrungsmitteln sowie über den Ablauf beim Tischdecken und darüber, was man dazu alles braucht.*
- *Kennenlernen von Begriffen, die mit dem Essen zusammenhängen.*
- *Die Kinder erlernen das Bilden von Mengenbegriffen und üben das Zählen, wenn sie für alle aufdecken. Anhand der Kluppen kann Johannes im Beispiel überprüfen, ob alles komplett ist.*

Die Analyse des Beispiels und der Esssituation macht folgende transaktionale Aspekte sichtbar:

Transaktionale Prozesse

- *Objektivieren: Objektivierungsprozesse finden durch die Anpassung an vorgegebene Regeln im Umgang mit dem Gabelfrühstück/der Jause oder dem Mittagessen statt. Die Kinder müssen auch lernen zu warten, bis der Tisch fertig gedeckt ist.*
- *Subjektivieren: Der Wunsch eines Kindes, jetzt zu essen, löst den Prozess des Tischdeckens und das Herrichten der Getränke für das Gabelfrühstück/die Jause aus. Die Kinder gehen dann essen, wenn sie das Bedürfnis danach verspüren.*
- *Aneignen: Durch den Tischdienst lernen die Kinder den Ablauf des Tischdeckens und wie man Getränke zubereitet etc.*
- *Vergegenständlichen: Johannes erfindet eine neue Technik, um die Servietten zu falten.*

Ich muss mal!

Wie gehen wir mit unserem Körper um?

Unser Selbstbild ist untrennbar mit unserem Körpergefühl verbunden. Das Körpergefühl setzt sich aus körperlichen, emotionalen, sozialen und kulturellen Aspekten zusammen. Wie wir mit unserem Körper umgehen, hängt stark von unseren Erfahrungen und dem Vorbild unserer Bezugspersonen ab.

So ist die Art und Weise, wie wir Pflegesituationen mit Kindern – z. B. auf der Toilette, beim Waschen oder Anziehen – gestalten, von großer Bedeutung für die Entwicklung ihres Selbst- und Körperbildes und prägt die Beziehung zwischen dem Kind und seinen Bezugspersonen.

Für einen wertschätzenden Umgang mit ihrem eigenen Körper ist es besonders wichtig, dass Kinder sich mit ihren emotionalen und körperlichen Bedürfnissen ernst genommen fühlen. Gerade Pflegesituationen verkommen im Alltag oft zu lieblosen Routinehandlungen. Respekt zeigt man den Kindern dann, wenn man seine Handlungen – z. B. Hilfestellung am WC – ankündigt und ihre Reaktionen abwartet sowie auf ihre Signale sensibel reagiert.

Während der Pflegehandlungen ist es wichtig, die Kinder zu ermutigen, aktiv mitzutun, statt sich passiv „behandeln" zu lassen.

Ein besonders sensibler Aspekt hinsichtlich der Entwicklung eines positiven Körper- und Selbstwertgefühls ist die Sauberkeitserziehung.

Sauberwerden – eine Herausforderung

Sauberwerden – ein kritisches Thema

Die Sauberkeitserziehung bestimmt den Alltag vieler Familien mit Kleinkindern. Von Generation zu Generation werden Erfahrungen und „Rezepte" weitergegeben, durch die Eltern häufig verunsichert werden. Das Dilemma besteht oft darin, nichts versäumen, aber auch nichts erzwingen zu wollen.

Schon der Begriff „Sauberkeitserziehung" sollte kritisch betrachtet werden, denn wann ein Kind sauber wird, bestimmt es in der Regel selbst.

Hohe Ansprüche der Eltern

Viele Eltern haben hinsichtlich des Sauberwerdens ihres Kindes sehr hohe Ansprüche und gehen mit dem Thema recht verkrampft um. Die Gründe dafür sind vielfältig und hängen sowohl mit gesellschaftlichen als auch mit persönlichen Erfahrungen zusammen:

- Die meisten Menschen haben zu ihren eigenen Ausscheidungs- und Geschlechtsorganen ein eher gespanntes Verhältnis. Sie sind wenig bereit darüber zu sprechen, sondern erwarten, dass alles funktioniert.

- Eine gelungene Sauberkeitserziehung wird oft als erfolgreiche Erziehungsleistung betrachtet. Spätes Trockenwerden oder Einnässen werden hingegen mit dem Versagen von Kind und/oder Eltern in Verbindung gebracht.
- Spätestes beim Kindergarteneintritt wird eine nicht perfekte Darm- und Blasenkontrolle besprochen und ist häufig auch ein Grund, weshalb Kinder nicht in den Kindergarten aufgenommen werden. Dadurch entsteht ein gewisser Erfolgsdruck auf die Eltern.
- Die pädagogische Arbeit mit einnässenden Kindern wird aus der Sicht der Eltern als unangenehm und arbeitsaufwändig für die Kindergartenpädagogin empfunden. Sie schämen sich oft für ihr Kind, organische Ursachen werden häufig als Erleichterung empfunden.

Ein offener Umgang mit dem Sauberwerden

Entwicklungspsychologische Grundlagen

In den letzten Jahrzehnten hat sich der Umgang mit der Sauberkeitserziehung aus verschiedenen Gründen stark gewandelt:

- Medizinische Erkenntnisse über neurologische und physiologische Zusammenhänge zeigen, dass der Zeitpunkt des Trockenwerdens eines Kindes von den entsprechenden Erziehungsmaßnahmen weitgehend unabhängig ist.
- Kinder werden bei gemäßigter Sauberkeitserziehung in Form von regelmäßigem Topfangebot, Toilettenerinnerung etc., aber auch ohne diese Maßnahmen ungefähr zur selben Zeit sauber. Einen wichtigen Einfluss hat das Lernen am Modell, etwa in der Gleichaltrigengruppe.
- Häufig wird beobachtet, dass bei Kindern, die Probleme mit der Blasenkontrolle haben, deutlich verfrüht mit der Sauberkeitserziehung begonnen wurde. Dieser Zusammenhang kann mit einem bestimmten, meist strengen Erziehungsstil der Bezugspersonen erklärt werden, der für die Entwicklung eines Kindes eher beeinträchtigend als förderlich ist. Das aktive Eingreifen in den Prozess des Sauberwerdens, bei dem Kinder unter Druck gesetzt und mit Strenge behandelt werden, erhöht das Risiko für Einnässprobleme.
- Nicht zuletzt hat die Erzeugung von arbeitssparenden Wegwerfwindeln zu einer eher lockeren und abwartenden Haltung hinsichtlich der Sauberkeitserziehung beigetragen.

Die körperliche Reifung ist Voraussetzung

Druck erzeugt Probleme

Der Weg zum Saubersein

Sauberwerden – ein Reifungsprozess

Das Ziel der Sauberkeitserziehung ist die Darm- und Blasenkontrolle. Das durchschnittlich entwickelte Kind ist vor Ende des zweiten Lebensjahres körperlich gar nicht in der Lage, die Darm- und Blasenmuskulatur sicher zu beherrschen. Erst im Laufe des dritten Lebensjahres sind die Nervenbahnen des Kindes üblicherweise so entwickelt, dass die für die Sauberkeit notwendige Muskulatur kontrolliert werden kann. Dieser körperliche Reifungsprozess kann von „außen" weder durch Ermunterung noch durch Bestrafung beschleunigt werden. Die meisten Kinder schaffen zuerst die Darmkontrolle, welche bei 97% aller Kinder etwa im Alter von 4 Jahren abgeschlossen ist (Hane, 2000).

Die vollständige Blasenkontrolle wird mit 4 bis 5 Jahren erreicht. Der Weg dorthin ist durch entwicklungstypische Stadien charakterisiert:

Entwicklungstypische Stadien

- Zwischen dem ersten und zweiten Lebensjahr entwickelt sich ein Gefühl für den Harndrang – das bedeutet, dass ein Kind erst dann die Körpersignale einer stark gefüllten Blase wahrnehmen und melden kann.
- Bis das Kind jedoch entsprechend darauf reagieren kann, vergeht nochmals Zeit: Im dritten Lebensjahr erreichen die meisten Kinder die Kontrolle über ihre Blase. Sie spüren den Harndrang nun bereits bei zunehmender Blasenfüllung und können die Blase in der Folge willentlich entleeren.
- Nach dem vierten Lebensjahr können rund 80% der Kinder den Harndrang für einige Zeit hemmen oder selbst bei geringer Blasenfüllung willentlich aufs WC gehen. Das bedeutet aber auch, dass noch jedes fünfte Kind im Alter von 5 Jahren nachts oder tagsüber einnässt. Organisch sind die meisten dieser Kinder völlig gesund. Doch für eine kontrollierte Harnabgabe ist auch die psychische Entwicklung eines Kindes bedeutsam.

Jedes Kind hat seinen eigenen Rhythmus

Jedes Kind hat also seinen eigenen Rhythmus, in dem es sich entwickelt. Seine Bezugspersonen können es dabei unterstützen, indem sie ihm die weiteren Schritte zeigen – das Tempo bestimmt das Kind aber selbst.

Selbstbestimmung ist wichtig

Man sollte auch beachten: Das dritte und vierte Lebensjahr ist eine Phase wachsender Selbstständigkeit. Die Unabhängigkeitsbestrebungen der Kinder können dann leicht mit dem Wunsch der Eltern, die Kontrolle über die Sauberkeitsentwicklung auszuüben, kollidieren. Diese Zeit kann also für Eltern und Kind eine schwierige Phase darstellen und zu einer

Belastungsprobe für ihre Beziehung werden, wenn die Bedürfnisse des Kindes nach Selbstbestimmung zu wenig beachtet werden.

Sensibler Umgang beim Einnässen

Wenn Kinder über das vierte Lebensjahr hinaus regelmäßig einnässen, dann sollte das von Fachkräften – Ärzt/innen bzw. Psycholog/innen – abgeklärt werden. Liegen keine medizinischen Ursachen vor, gilt vor allem, dass Eltern oder Pädagog/innen dem Einnässen dem Kind gegenüber keine besondere Beachtung schenken und es auch nicht bestrafen sollten, sondern beobachten, wann das Kind einnässt. Diese Signale können zeigen, wann dem Kind individuelle Zuwendung, Unterstützung, Aufmunterung oder Sicherheit fehlen.

Einnässen und Einkoten werden für das jüngere Kind erst dann zum Leiden, wenn die Umwelt mit Demütigungen, Liebesentzug oder Strafen reagiert. Dadurch kann es zu massiven psychischen Störungen kommen, die das gesamte weitere Leben prägen (Utz, 1998).

Aufgaben im Kindergarten

Körperpflege prägt das Selbstbild

Der Umgang mit Körperpflege und der Toilettensituation stellt im Kindergarten eine besonders sensible Thematik dar, weil es sich um die Intimsphäre der Kinder handelt, mit der sorgsam umgegangen werden muss. Meist wird diesen Situationen jedoch wenig Aufmerksamkeit geschenkt. Da gerade in diesem Bereich Selbst-, Sozial- und Sachkompetenz entwickelt und gefördert werden können, sollte genügend Zeit für die Körperpflege, wie z. B. das Händewaschen bei den Mahlzeiten oder nach der Toilette, eingeplant sein. Die Pflegeroutine sollte für die Entwicklung eines positiven Selbstbildes genutzt werden und ist prägend für eine vertrauensvolle Beziehungsgestaltung. Dafür sind ausreichend Zeit und der liebevolle und sorgsame Umgang der Kindergartenpädagogin unumgänglich. Zeichen hoher Qualität sind die Unterstützung gesundheitsfördernder Verhaltensweisen und die Anregung zur Selbstständigkeit.

Sensibler Umgang auf der Toilette

Kindergartenkinder genieren sich meistens nicht, im Beisein der Kindergartenpädagogin auf die Toilette zu gehen oder sich beim Umziehen nackt zu zeigen. Sie haben in der Regel auch nichts dagegen, wenn ihnen die Kindergartenpädagogin bei gewissen Tätigkeiten auf der Toilette hilft. Schamgefühl entwickeln die meisten Kinder erst um das 9. Lebensjahr. Sobald ein Kind jedoch alleine sein möchte und kein „Publikum" beim An- und Ausziehen wünscht, muss darauf Rücksicht genommen werden. Auch die Kindergartenpädagogin darf nie ungefragt oder gar gegen den Willen des Kindes helfen. Kontrolle empfindet das Kind zu Recht als demütigend und als Eingriff in die persönliche Würde und körperliche Integrität.

Verantwortung für den eigenen Körper

Die Kinder sollten möglichst früh selbst Verantwortung für ihren Intimbereich übernehmen. Wenn das Kind von klein auf erfährt, dass es ein absolutes und unverletzliches körperliches Selbstbestimmungsrecht besitzt, schützt dies das Kind auch vor sexuellen Übergriffen. Dieses Entscheidungsrecht hinsichtlich des eigenen Körpers fängt bereits beim Austausch von Zärtlichkeiten, beim Schmusen und bei sonstigem körperlichen Kontakt mit Bezugspersonen an. Jeder Erwachsene – also auch die Kindergartenpädagogin – muss den Unwillen eines Kindes erkennen und respektieren.

Auf Taktgefühl achten

Kinder dürfen niemals lächerlich gemacht werden, wenn sie sich nicht genügend gewaschen haben, sich nicht ausziehen wollen oder eingenässt haben. Das ist verletzend, besonders, wenn es im Beisein von anderen passiert. Hygienefragen dürfen, wenn notwendig, mit dem Kind und/oder den Eltern nur in einer entspannten Atmosphäre unter vier Augen erörtert werden.

Anregungen für die Planung

Folgende Überlegungen können bei der Planung des Bereiches Körperpflege und Toiletten hilfreich sein:

- Die Gestaltung des Waschraums muss gut überlegt sein, um den Kinder selbstständiges Handeln zu ermöglichen. Im Sinne einer transaktionalen Bildungsarbeit kann der Waschraum auch zusätzlich für Wasserspiele genützt werden.
- Die Verwendung von Utensilien zur Körperpflege, z. B. gut riechende Seifen, persönlicher Kamm oder Bürste, unterstützt ein positives Körpergefühl.
- Jede Toilette braucht eine Türe, um den Schutz der Intimsphäre der Kinder zu gewährleisten.
- Die Toiletten sollten mit verschiedenen Utensilien, wie z. B. hautfreundlichem weichem Toilettenpapier, Feuchttüchern, WC-Bürste und biologischen Duftschalen, ausgestattet sein. Die Kinder sollten mit dem Gebrauch dieser Dinge vertraut gemacht werden.
- Gruppenregeln werden von der Kindergartenpädagogin überlegt, mit den Kindern besprochen und im wechselseitigen Austausch festgelegt: Die Kinder sollen z. B. selbstständig aufs WC gehen; bei Bedarf soll die WC-Bürste benützt werden; keiner darf einen anderen stören; der Wasserhahn muss wieder abgedreht werden etc.

- Zur Einhaltung der Gruppenregeln werden diese den Kindern durch Symbole in Erinnerung gerufen. Z. B. signalisiert eine rote Ampel, dass die Toilette besetzt ist. Fotos von bestimmten Situationen zeigen den Kindern, wann sie sich die Hände waschen sollen – z. B. am WC, beim Plastilinspiel, im Garten.
- Vor dem Mittagessen oder einem Gartenaufenthalt sollten die Kinder angeregt werden, aufs WC zu gehen. Dabei ist es nicht nötig, dass alle Kinder auf einmal gehen; Wartezeiten können durch gleitende Übergänge vermieden werden.
- Kinder dürfen nicht zum Toilettengang gezwungen werden. Vor allem jüngeren Kinder kann es durch humorvolle Aufforderungen leichter gemacht werden, aufs Klo zu gehen.
- Wichtig ist die Absprache mit der Helferin über die geltenden Regeln und den Umgang mit den Kindern bei der Körperpflege. Dazu zählen etwa wertschätzende Äußerungen über den kindlichen Körper, Anregungen zur Selbstständigkeit, ein genussvoller Umgang mit Pflegetätigkeiten ohne Zeitdruck oder die Rücksichtnahme auf das kindliche Schamgefühl, wenn ein Kind eingenässt hat.
- Für jedes Kind sollte persönliche Reservewäsche vorhanden sein.
- Besondere Aktivitäten zum Thema Körperhygiene und -pflege könnten z. B. zum Thema Mundhygiene durchgeführt werden. Gemeinsam können in der Gruppe eine Drogerie oder ein Frisiersalon eingerichtet werden werden. Auch Ausgänge, wie z. B. in eine Apotheke oder zum Arzt, könnten geplant werden.

Fragen zur Reflexion

In die Reflexion sollten von der Kindergartenpädagogin folgende Apekte mit einbezogen werden:

- Wie ist der Umgang mit dem Toilettengang innerhalb der Gruppe geregelt? Gibt es mit der Gruppe besprochene Verhaltensregeln, die die Intimsphäre jedes Einzelnen wahren? Werden diese eingehalten?
- Dürfen die Kinder jederzeit aufs Klo gehen? Gibt es Situationen, in denen dies aus verschiedenen Gründen nicht möglich ist, z. B. bei einem Ausgang? Wie gehe ich mit diesen Situationen um?
- Benenne ich Körperteile mit den richtigen Begriffen, wie Vagina, Penis, Scheide?

- ❍ Haben die Kinder das Recht, über ihren Körper zu bestimmen und sich anderen gegenüber abzugrenzen, z. B. bei Berührungen und Zärtlichkeiten? Unterstütze ich die Kinder dabei genügend? Berücksichtige ich in meinen Handlungen die kindliche Intimsphäre?
- ❍ Welche Zeiten im Alltag sind von mir für Pflegehandlungen eingeplant? Wie viel Zeit stelle ich den Kindern dafür zur Verfügung?
- ❍ Nütze ich diese Pflegezeiten für die Förderung der kindlichen Entwicklung? Lasse ich mir genügend Zeit, um dabei liebevolle und wertschätzende Gespräche oder Spiele einfließen zu lassen, wie etwa Krabbelspiele mit den Zehen beim Umziehen?
- ❍ Informiere ich mich laufend über die letzten fachlichen Erkenntnisse hinsichtlich der Sauberkeitserziehung, um entsprechend kompetent zu handeln und Informationen an verunsicherte Eltern weitergeben zu können?
- ❍ Gehe ich sensibel mit Kindern um, die eingenässt haben, und nehme ich dabei auf das kindliche Schamgefühl Rücksicht? Schütze ich das betroffene Kind vor Spott und Kränkung?
- ❍ Wie weit ist es mir selbst möglich, mit den Kindern und auch ihren Eltern entspannt über (Tabu-) Themen in diesem Bereich zu sprechen? Wer kann mir eventuell helfen, gelassener damit umzugehen?
- ❍ Besitze ich fachliches Wissen über das Erkennen von Signalen sexuell missbrauchter Kinder? Welche Möglichkeiten stehen mir zur Verfügung, dem Kind zu helfen?

Eltern- und Öffentlichkeitsarbeit

Die Entwicklung eines positiven Körpergefühles thematisieren

Die Aufklärung der Eltern über den Umgang mit Körperpflege und Sauberkeitserziehung kann in Form von Elternabenden, Einzelgesprächen und Projekten stattfinden. Bei dieser Gelegenheit sollte über förderliches erzieherisches Verhalten für die Entwicklung eines positiven Körpergefühls des Kindes diskutiert werden. Die Eltern können über die Gruppenregeln im Waschraum und auf der Toilette z. B. an der Anschlagtafel informiert werden.

Die Ängste und Unsicherheiten der Eltern, die sie eventuell hinsichtlich des Umgangs mit der Körperpflege haben, sowie ihre eigene Intimsphäre müssen im Kindergarten ebenso wie die der Kinder respektiert werden.

Wenn die Kindergartenpädagogin bei einzelnen Kindern Sauberkeitsmängel, wie z. B. unangenehmen Geruch, wahrnimmt, sollte sie dies den Eltern in einem sensiblen Einzelgespräch mitteilen.

Zusammenarbeit mit dem Gesundheitswesen

Der Kindergarten ist besonders geeignet, um Kontakt zu Einrichtungen des Gesundheitswesens herzustellen. Dazu zählen z. B. Zahnärzt/innen, Kinderärzt/innen oder Apotheken. Es kann auch Anschlagtafeln oder Elternrunden zum Austausch von kinderfreundlichen Ärzt/innen geben.

Teamarbeit

Im Team können Überlegungen zu folgenden Punkten angestellt werden:

- Die Strukturqualität des Kindergartens im Hygienebereich sollte sich auf einem hohen Standard befinden. Das betrifft z. B. die Ausstattung der Waschräume und Toiletten.
- Die Kolleg/innen sollten sich über grundsätzliche pädagogische Haltungen beim Umgang mit der Körperpflege austauschen.
- Im Team sollte ein Austausch über die Regeln, die in den einzelnen Gruppen zum Thema Körperpflege und Toiletten gelten, stattfinden.
- Elterngespräche, die besonders sensible Themen betreffen, sollten von zwei Kolleg/innen gemeinsam geführt und anschließend protokolliert werden.
- Auffälligkeiten bei einzelnen Kindern, die z. B. einen Missbrauchsverdacht betreffen, werden im Team besprochen und die weitere Vorgangsweise wird diskutiert. Interventionsgespräche mit den Eltern und/oder dem zuständigen Amt werden gemeinsam geplant. Alle Kolleg/innen sollten darüber informiert sein und vertraulich damit umgehen.
- Im Team können pädagogische Konzepte erstellt werden, um gesundheitsfördernde Verhaltensweisen zu unterstützen. Entsprechende Projekte, wie z. B. WHO-Projekte zur Gesundheit oder Zahnhygiene, können gruppenübergreifend durchgeführt werden.
- Die Kontakte einzelner Kolleg/innen zu Personen oder Institutionen des Gesundheitswesen sollten vernetzt und im Kindergarten genützt werden.

Nehmen Sie sich Zeit, diese Anregungen mit Ihren eigenen Ideen und Überlegungen zu ergänzen.

Alltagssituation: „Maxi, reiß die Tür vom Klo nicht auf!“

In unserem Kindergarten gibt es für die Familiengruppe drei Toiletten mit Schwingtüren. Eines Tages beobachte ich, dass Tanja die Türe zu einer Toilette aufreißt, anscheinend hat sie es sehr eilig. Ein lauter Schrei von Moritz ist die Folge. Er sitzt gerade gemütlich am WC und wurde von ihr gestört. Ein anderes Mal sehe ich, wie der dreijährige Max ohne sichtliche Dringlichkeit eine WC-Türe aufmacht und hineinschaut. Valentin sagt: „Geh hinaus, es ist besetzt.“ Das fordert Max heraus und er beginnt, die Türe nach einiger Zeit immer wieder aufzureißen. Valentin kann nicht aus, sein Ärger steigert sich hörbar und er beginnt zu schimpfen. „Raus“, schreit er jedes Mal, die gewünschte Wirkung hat das allerdings nicht. Im Gegenteil – an Maxis Gesichtsausdruck kann ich seine Freude erkennen. Ich gehe zu Max und sage: „Hast du gehört, was Valentin gesagt hat?“ „Nein“, sagt er. Doch er fühlt sich sichtlich ertappt, macht die Türe zu und bleibt wartend stehen. Ich sage: „Ich habe gehört, dass Valentin nicht will, dass du die Türe aufmachst.“ „Aha,“ erwidert er. Als ich in den Gruppenraum zurückkehre, höre ich wieder Valentins Stimme: „Lass mich endlich in Ruh, du Holzkopf!“ Ich gehe nochmals zurück und frage Max, ob er im Waschraum noch etwas zu tun hat. Er hat – er muss die Hände waschen. Gut, das ist wichtig, ich warte auf ihn und nehme ihn an der Hand mit in die Gruppe.
Diese beiden Szenen sind für mich der Anlass, ein Gruppengespräch mit den Kindern darüber zu führen. Mir ist es sehr wichtig, dass die Kinder lernen, die Intimsphäre anderer zu respektieren und auf deren Bedürfnisse Rücksicht zu nehmen. Das ist ein Grundrecht im Kindergarten, worauf ich die Kinder bei Gelegenheit immer wieder aufmerksam mache. Am gleichen Vormittag erzähle ich den Kindern in der Runde meine Beobachtungen, ohne Max namentlich zu erwähnen. Ich fordere sie auf, ihre eigenen Erfahrungen zu erzählen. Einige Kinder sagen, dass sie das auch stört, wenn andere die Türe aufmachen und einige beschweren sich über andere Erlebnisse auf der Toilette. Max sagt: „Ich schau nur rein, wenn ich aufs Klo muss.“ Valentin: „Du hast mich heut geärgert.“ Schlingel, denke ich, sage aber nichts weiter dazu, sondern vermittle den Kindern, dass jedes Kind alleine auf der Toilette sein sollte.
Ich frage, was wir denn tun könnten, um zu erkennen, ob das WC besetzt ist oder nicht. Ich lasse die Kinder ohne Zeitdruck nachdenken und sich äußern: „Fragen“, sagt Niko. „Unten reinschauen, ob man Füße sieht“,

sagt Irmi. „Bei der Tür anklopfen", meint Joseph. „Aufmachen und nachschauen", sagt Max. „Warten, bis wer herauskommt", sagt Horst. „Dich fragen", sagt Natalie. Der Ideenreichtum ist enorm und wir einigen uns, dass eine geschlossene Türe „besetzt" und eine offene Türe „frei" bedeutet. Plötzlich sagt Claudia: „Du, wir könnten doch auch Ampeln anbringen, wie im Baubereich." „Super", meinen einige Kinder. „Ja, ich mach's", sagt Gabi und will sofort aufspringen und die Idee umsetzen.
Beim Werktisch fertigt sie mit meiner Hilfe aus Naturpapier drei Ampeln an. Als sie fertig ist, gehen wie alle gemeinsam zu den Toiletten und hängen sie auf Klebehaken auf. Einige Kinder müssen plötzlich sofort aufs WC. Welch eine Wirkung, denke ich. Selbst die dreijährige Helene, die nie aufs WC gehen möchte und auf jeden Fall immer „nein" sagt, möchte das ausprobieren.
Als Max abgeholt wird, zeigt er seinem Vater die am WC angebrachten Ampeln und meint, er möchte zu Hause auch solche haben. Ich muss ihm rotes und grünes Naturpapier mitgeben.
Obwohl die Störungen durch die Kinder auf der Toilette nicht ganz aufgehört haben, wissen sie jedoch, worauf sie achten sollen. Manche „Klositzer" verteidigen auch gleich verhement ihr Alleinsein und fordern den Störenfried zum Einhalten der Regel auf. Ich bestärke sie darin. Am lautesten schreit Max, wenn jemand absichtlich oder unabsichtlich hineinschaut.

Bei diesem Alltagsbeispiel aus dem Kindergarten werden unter anderem folgende Kompetenzen angesprochen:

Selbstkompetenz

- *Die Kinder verbalisieren ihre Gefühle, indem sie aufzählen, was sie beim Klogehen ärgert.*
- *Förderung der Fähigkeit zur Abgrenzung: Am WC gibt es eindeutige Regeln, die auch die Kindergartenpädagogin einhält. Die Kinder entscheiden selbst über ihren Körper – z. B., dass sie nicht berührt werden wollen oder dass ihnen am WC niemand zusehen darf.*
- *Die Fantasie und Kreativität der Kinder wird durch das Sammeln von Ideen zur Konfliktbewältigung auf der Toilette angeregt.*
- *Durch die Körperpflege im Kindergarten wird das Körpergefühl der Kinder unterstützt. Das ist wichtig für die Entwicklung eines positiven Selbstbildes.*

Sozialkompetenz

- *Die Kinder besprechen gemeinsam mit der Kindergartenpädagogin die Regeln fürs WC und entwickeln dadurch Demokratiebewusstsein und Gruppengefühl.*
- *Förderung des Einfühlungsvermögens der Kinder durch das gegenseitige Mitteilen von Gefühlen.*
- *Indem Konfliktsituationen gemeinsam mit der Kindergartenpädagogin besprochen werden, erlernen die Kinder Konfliktkultur.*
- *Förderung des respektvollen Umgangs miteinander durch die gemeinsam überlegte Gruppenregel, dass jedes Kind ein Recht auf Intimsphäre hat.*

Sachkompetenz

- *Die Kinder erwerben Wissen über Hygiene und Körperpflege, wie z. B., dass man nach dem Toilettengang die Hände waschen sollte.*
- *Die Kinder erlernen die fachlich richtigen Begriffe für ihre Ausscheidungs- und Geschlechtsorgane.*
- *Durch das gemeinsame Sammeln von Ideen für die Lösung eines Konfliktes am WC finden Denkförderung und Förderung der Problemlösefähigkeit statt.*

Die Analyse der Alltagssituation macht folgende transaktionale Aspekte sichtbar:

Transaktionale Prozesse

- *Objektivieren: Die Kinder halten sich an vorgegebene Regeln und respektieren die Intimsphäre der anderen.*
- *Subjektivieren: Durch die Anpassung der Gruppenregeln an ihre eigenen Bedürfnisse können alle Kinder ihre Wünsche äußern und erleben Subjektivierungsprozesse. Die Kinder können Erfahrungen einbringen, die sie mit den Bereichen Körperpflege und Toilettengang bisher gemacht haben.*
- *Aneignen: Während der alltäglichen Körperpflege lernen die Kinder fachlich richtige Begriffe für ihre Geschlechts- und Ausscheidungsorgane. Sie machen sich mit ihrem Körper vertraut, wenn sie sich waschen oder frisieren. Körpererfahrungen und damit Aneignungsprozesse können auch im Rollenspiel gefördert werden, wenn die Kinder einander z. B. kämmen.*
- *Vergegenständlichen: Im Praxisbeispiel findet durch das Herstellen der Ampel Vergegenständlichung statt. Auch beim Schminken oder gegenseitigen Frisieren könnten die Kinder ihre Kreativität und ihren Einfallsreichtum entfalten.*

Schlaf, Kindlein, schlaf

Kindergarten macht müde

Schlafen im Kindergarten ist ein kontrovers diskutiertes Thema. Gerade für jüngere Kindergartenkinder oder Kindergartenneulinge bringt ein Vormittag im Kindergarten oft viel Anspannung mit sich. Das Zusammenleben in der Gruppe erfordert Energie, um sich z. B. eine eigene Position zu schaffen, mit seinen eigenen Gefühlen umzugehen oder die vielfältigen Eindrücke im Kindergarten verarbeiten zu können. Die Ruhezeit ist deshalb wichtig und notwendig. Ihre Gestaltung bedarf differenzierter Überlegungen, die die individuellen Bedürfnisse der einzelnen Kinder mit einbeziehen müssen.

Entwicklungspsychologische Grundlagen

Schlafen als Reifungsprozess

Ein Drittel seines Lebens schläft der Mensch. Das Schlafen unterliegt bei Kindern einem Reifungsprozess, der sich je nach Lebensalter charakteristisch verändert. So schlafen Säuglinge ca. 16 Stunden pro Tag und ältere Menschen nur noch knappe 7 Stunden (Klicpera & Gasteiger Klicpera, 1996).

Jeder Mensch braucht unterschiedlich viel Schlaf

Schlafrhythmus und Schlafbedürfnis

Das individuelle Schlafbedürfnis und der Schlafrhythmus variieren, sodass es kein allgemein gültiges Maß für den Schlafbedarf gibt. Ob ein Kind den Schlaf im Kindergarten braucht oder nicht, stellt sich im Gespräch mit den Eltern und durch die Beobachtung des Kindes heraus. Denn um das Schlafbedürfnis eines Kindes richtig beurteilen zu können, müssen sowohl Tag- als auch Nachtschlaf berücksichtigt werden. Im Zusammenspiel von Kindergarten und Familie ist abzuklären, ob das Kind prinzipiell genug Schlaf hat. Eine Veränderung der Schlafgewohnheiten braucht Zeit und kann frühestens nach ein bis zwei Wochen erreicht werden.

Die Kriterien für gesunden Schlaf

Schlafen ist von vielen Bedingungen abhängig

Wie gut Menschen schlafen, hängt von folgenden Kriterien ab:

- Vom Alter
- Vom Gesundheitszustand und von der Ernährung
- Von der Tagesaktivität und den Ereignissen, die unmittelbar vor dem Schlaf stattgefunden haben
- Vom Lebensumfeld und der psychischen Bewältigung verschiedener Erfahrungen
- Von erlernten und angewöhnten Strukturen des Schlafens (Klicpera & Gasteiger Klicpera, 1996)

Warum schläft ein Kind schlecht?

Sind die Ursachen der Schlafstörungen eines Kindes nicht eindeutig, müssen die oben genannten Punkte mit Hilfe der Eltern genau analysiert werden. Dabei helfen folgende Fragen: Ist das Kind wirklich müde? Fühlt es sich körperlich wohl? Gibt es störende Nebengeräusche oder Lichteinfälle? Liegen unaufgearbeitete Konflikte vor, hat das Kind vor etwas Angst? Gut bewährt haben sich in diesem Zusammenhang Schlaftagebücher, die über einen längeren Zeitraum geführt werden und Informationen zu Tage bringen, die man im Alltag oft übersieht.

Schlafstörungen und ihre Ursachen

Psychische Ursachen

Bei 25% aller Kinder lösen die Schlafdauer oder die Qualität des Schlafens bei Eltern oder Pädagog/innen Besorgnis aus. Zum größten Teil liegen die Ursachen von Schlafstörungen im psychischen Bereich. Sie sind sehr oft auf Interaktionsstörungen zurückzuführen, das heißt die Bezugspersonen und das Umfeld haben meistens direkt damit zu tun.

Kinder, die im Kindergarten überhaupt keine Anstalten machen einzuschlafen, sind entweder nicht müde – dann sollten sie auch nicht zum Schlafen angehalten werden. Ihre Unruhe kann aber auch Ausdruck von belastenden Gefühlen, Spannungen, Unsicherheit oder Angst sein.

Schlafen heißt sich fallen lassen

Zum Einschlafen brauchen Kinder die innere Bereitschaft, sich dem Schlaf hinzugeben. Oft verbinden sie aber mit dem Einschlafen Verlust- und

Verlassenheitsängste: Ist die Kindergartenpädagogin noch da, wenn ich aufwache; holen Mama oder Papa mich auch vom Kindergarten ab? Diese Ängste können auf Grund eines konkreten unangenehmen Erlebnisses entstanden sein, müssen aber nicht immer genau zuzuordnen sein. So kann etwa die Trennung der Eltern oder der Verlust eines Liebesobjekts derartige Ängste auslösen. Bei Kindern zwischen drei und vier Jahren hingegen handelt es sich oft um Ängste in Zusammenhang mit ihrer regen Fantasie (Utz, 1999).

Das Resümee aus diesem Wissen ist: Kinder schlafen dann gut, wenn sie sich sicher und geborgen fühlen. Stabile Beziehungen sind eine Grundvoraussetzung für gesundes Schlafen.

Aufgaben im Kindergarten

Ruhen können braucht Vertrauen

Im Kindergarten darf die Ruhezeit nicht zur Routine werden. Sie benötigt viel Aufmerksamkeit und eine detaillierte pädagogische Vorbereitung, damit eine Atmosphäre des Vertrauens entstehen kann.

Die Schlafbedürfnisse der Kinder müssen im Mittelpunkt der Überlegungen stehen. Im wiederholten Austausch mit den Eltern sollte entschieden werden, ob ein Kind schlafen soll oder ob das Ausruhen zu Mittag bevorzugt wird. Für Kinder, die nicht schlafen, müssen alternative Angebote zur Verfügung stehen.

Ein gemütlicher Schlafplatz

Optimal ist ein eigener, gemütlicher Schlafraum, der auch tagsüber für Entspannung und Rückzug genutzt werden kann. Wichtig ist, dass der Schlafplatz hygienisch und gut gelüftet ist. Das Wohlbefinden des Kindes wird durch ein Stofftier von zu Hause, einen eigenen Kopfpolsterbezug, ein Tuch, das nach der Mama riecht, schöne Musik oder eine Geschichte gesteigert. Wesentlich fürs Wohlfühlen ist wohl auch, welches Kind in unmittelbarer Nähe schläft.

Anregungen für die Planung

Folgende Überlegungen sind wichtig für die Gestaltung der Ruhephase:

- Am Beginn des Kindergartenjahres sollte überlegt werden, welcher Raum für die Schlaf- und Ruhesituation genützt wird und welche Ausstattung notwendig ist, damit sich die Kinder wohl fühlen können.
- Der Ablauf der Ruhezeit sollte gut durchdacht sein, um eine angenehme und entspannte Atmosphäre entstehen lassen zu können.

- Als erster Schritt sollte ein ausführliches Gespräch mit den Eltern über die individuellen Schlafgewohnheiten des Kindes geführt werden, das z. B. Schlafpensum, Schlafrhythmus, eventuelle Schlafrituale etc. beinhaltet. Gemeinsam wird entschieden, ob ein Kind schlafen soll oder nicht.
- Während des Jahres sollten diese Gespräche wiederholt werden, um den Veränderungen des Schlafbedürfnisses Rechnung zu tragen. Durch den Austausch mit den Eltern kann sicher gestellt werden, dass die aktuellen Bedürfnisse des Kindes Berücksichtigung finden.
- Für die Schlafsituation sollten vertraute Bezugspersonen zuständig sein, die sich jedem Kind individuell zuwenden.
- Der Übergang zur Schlafsituation sollte entspannt ablaufen. Das Ausziehen beengender Kleidung sowie Schlafrituale, wie Entspannungsmusik oder Entspannungsübungen sind möglich. Manche Kinder wünschen sich, gestreichelt zu werden, um besser einschlafen zu können. Auch das Aufwachen sollte gleitend und gemütlich möglich sein.
- Kinder, die früher aufstehen oder nicht schlafen wollen, bekommen eine adäquate Alternative angeboten, z. B. den Aufenthalt in einer anderen Gruppe, im Garten oder in Nebenräumen.

Fragen zur Reflexion

Bei der Reflexion sollten folgende Aspekte berücksichtigt werden:

- Welche Einstellung habe ich zur Ruhephase? Habe ich die innere Ruhe, um für die Kinder eine vertrauensvolle Atmosphäre zu schaffen?
- Fühlt sich jedes Kind sicher und geborgen?
- Kenne ich die individuellen Vorlieben der Kinder und berücksichtige ich sie im pädagogischen Handeln?
- Ist die Schlafsituation mit den Eltern und den Kindern abgestimmt?
- Nütze ich die räumlichen Voraussetzungen optimal? Können Nebenräume umfunktioniert werden?
- Kontrolliere ich regelmäßig die hygienischen Bedingungen?
- Gibt es genügend Freiraum für Kinder, die nicht schlafen oder die früher aufstehen möchten?

Eltern- und Öffentlichkeitsarbeit

Das Gespräch mit den Eltern

Die Einstellung der Eltern zur Ruhephase im Kindergarten prägt nachhaltig die Schlafatmosphäre. Die Auseinandersetzung mit den Positionen der Eltern und die Diskussion in Einzelgesprächen oder bei Elternabenden sind wesentliche Voraussetzungen für die Planung. Die Eltern sollten – z. B. in einem Elternbrief – über die entwicklungspsychologischen Grundlagen des Schlafens informiert werden und über den Ablauf der Ruhephase im Kindergarten Bescheid wissen. So ist etwa das Abholen eines Kindes während der Ruhephase störend und sollte daher möglichst vermieden werden.

Wie schläft das Kind zu Hause?

Gespräche über den Schlafbedarf und den Ablauf zu Hause helfen, die individuellen Schlafbedürfnisse der Kinder kennen zu lernen. In regelmäßigen Abständen oder wenn es die Situation erfordert, sollte mit den Eltern Rücksprache gehalten werden.

Die Kindergartenpädagogin ist oft die erste Ansprechpartnerin für Eltern, wenn es zu Hause Probleme mit dem Schlafen gibt. Bei Bedarf sollte sie die Eltern an die entsprechenden Expert/innen und Institutionen weiter empfehlen.

Teamarbeit

Um die Schlafsituation angemessen gestalten zu können, bedarf es einer genauen Absprache und Planung im Team:

- Die Strukturqualität des Kindergartens hinsichtlich der Räumlichkeiten und Ausstattung für die Ruhephase sollte sich auf einem hohen Standard befinden.
- Die Kolleg/innen tauschen sich über das pädagogische Handeln und die Regeln im Rahmen der Ruhezeit aus.
- Für die Gestaltung der Ruhephase kann gruppenübergreifend gearbeitet werden. Eine Kollegin aus dem Team, die allen Kindern vertraut ist, kann dafür zuständig sein.
- In Teamsitzungen sollte es einen regelmäßigen Austausch über die Elterngespräche, den Ablauf der Ruhephase sowie über Veränderungen hinsichtlich des Schlafbedürfnisses einzelner Kinder geben.

Nehmen Sie sich Zeit, diese Anregungen mit Ihren eigenen Ideen und Überlegungen zu ergänzen.

Alltagssituation: Teresa will nicht mehr schlafen

Die dreijährige Teresa schläft seit Kindergartenbeginn zu Mittag im Kindergarten. Am Beginn des Jahres informierte ich mich in einem Einzelgespräch mit der Mutter über Teresas Schlafgewohnheiten. Ich erklärte der Mutter im Beisein von Teresa, wie der Ablauf der Ruhephase im Kindergarten gestaltet ist und zeigte ihnen den eigens dafür vorgesehenen Ruheraum. Auch die Kindergartenpädagogin, die die Ruhephase betreut, stellte ich Teresa und ihrer Mutter vor. Teresa brachte ihr eigenes Bettzeug und das geliebte Kuscheltier „Benni" mit.
Nach drei Monaten sagt Teresa eines Vormittags zu mir: „Du, ich mag nicht nach dem Mittagessen schlafen." Ich nehme Teresas Äußerung ernst und bespreche zu Mittag mit der Kollegin, die die gruppenübergreifende Ruhephase betreut, welchen Eindruck sie von Teresas Schlafverhalten hat. Beim Abholen spreche ich die Mutter darauf an.
Auch sie hat diesen Wunsch mehrmals aus Teresas Mund gehört. „Probieren wir es einmal aus", meine ich. Und zu Teresa sage ich: „Und wenn du doch schlafen willst, sagst du es mir." Die Mutter ist mit dem Vorschlag einverstanden, möchte aber nach einer Woche wieder ein Gespräch mit mir und Teresa führen. Teresa lacht verschmitzt übers ganze Gesicht.
Während des nächsten Vormittags sagt sie laut zu ihrem Freund Thomas: „Heute schlaf ich nicht im Kindergarten." Thomas fragt: „Wieso?" Teresa antwortet: „Weil ich nicht will. Ich darf dann zu den Kindern in die andere Gruppe gehen." Sie schaut mich selbstsicher an.
In der nächsten Woche erfahre ich von der Mutter, dass die Umstellung auch zu Hause gut gelungen ist. Teresa geht ein bisschen früher schlafen und erzählt der ganzen Familie stolz von der Veränderung im Kindergarten.

In dieser Alltagssituation werden unter anderem folgende Kompetenzen angesprochen:

Selbstkompetenz

- *Das Kind wird bei der Äußerung eigener Bedürfnisse unterstützt: Teresa sagt im Praxisbeispiel sowohl zu Hause als auch im Kindergarten, dass sie zu Mittag nicht mehr schlafen möchte.*
- *Förderung der Individualität durch das Eingehen auf das unterschiedliche Schlafbedürfnis der Kinder.*
- *Förderung von Körperbewusstsein: Das Kind kann selbst einschätzen, dass es mittags keinen Schlaf mehr braucht.*
- *Das Selbstbewusstsein des Kindes steigt, weil es erlebt, dass sein Wunsch ernst genommen wird. Teresa äußert stolz, dass sie mittags aufbleiben darf.*

Sozialkompetenz

- *Förderung von partnerschaftlichem Rollenverständnis: Die Kindergartenpädagogin, die Mutter und Teresa führen ein Gespräch und einigen sich auf eine Vorgehensweise hinsichtlich der Gestaltung der Ruhezeit*

Die Analyse des Beispiels bzw. der Ruhezeit macht folgende transaktionalen Aspekte sichtbar:

Transaktionale Prozesse

- *Objektivieren: Zunächst findet eine Anpassung des Kindes an die Schlafzeit, die mit der Mutter abgesprochen wurde, und an die Regeln, die dabei herrschen, statt.*
- *Subjektivieren: Ein Kuscheltier als Übergangsobjekt schafft Vertrautheit und hilft, die Situation zu bewältigen. Durch ihren Wunsch, nicht mehr zu schlafen, teilt Teresa ihrer Umwelt ihre Bedürfnisse mit, löst dadurch ein Gespräch aus und führt schließlich eine Änderung der Situation herbei.*
- *Aneignen: Das Kind lernt den Ruheraum und alles, was damit verbunden ist, am Beginn des Kindergartenjahres kennen.*
- *Vergegenständlichungsprozesse könnten z. B. stattfinden, wenn sich Kinder selbst eine Schlafhöhle bauen.*

Laufen, Hüpfen, Klettern

Bewegung als Ausdruck der Persönlichkeit

Kinder haben große Freude und Lust an der Bewegung. Durch motorische Aktivitäten entdecken und verändern sie sich selbst und ihre Umwelt und nutzen Bewegung als zentrale Form des persönlichen Ausdrucks. Kinder erfahren durch verschiedene Bewegungsabläufe Freude und Selbstbewusstsein und lernen ihren Körper besser kennen.

Entwicklungspsychologische Grundlagen

Die Einheit von Körper und Geist

Die Persönlichkeitsentwicklung eines Kindes wird heute als ganzheitlicher Prozess betrachtet, in dem psychische, kognitive und motorische Bereiche miteinander verschränkt sind und einander wechselseitig beeinflussen. Die körperliche Haltung eines Kindes und die Art und Weise, wie es sich bewegt, sagen viel über seinen seelischen und emotionalen Zustand aus.

Psychomotorik

Auch die Psychomotorik betont die enge Verbindung von Wahrnehmung und Bewegung sowie von Körper und Geist, woraus sich eine spezielle Sicht der kindlichen Entwicklung ableitet. Bewegung wird deshalb als Grundlage der Entwicklungsförderung betrachtet. Dabei kommen Prozesse in Gang, die in darauf folgenden Ruhephasen – in einer Art „inneren Bewegung" – weiter wirken.

Selbstbild und Körperbild

Die Entwicklung der motorischen Fähigkeiten steht eng mit dem Selbstbild eines Kindes in Zusammenhang. Ob ein Kind Vertrauen in seine Fähigkeiten hat, sich durch Schwierigkeiten geradezu herausgefordert fühlt oder schnell aufgibt, hängt von dem Bild ab, das das Kind von sich selbst hat. In diesem Selbstbild spiegeln sich alle Erfahrungen wider, die es in der Auseinandersetzung mit seiner sozialen und materialen Umwelt gewonnen hat.

Sich selbst und seinen Körper kennen lernen

Ein Kind lernt seine Fähigkeiten durch körperliche Aktivitäten kennen. Es erlebt sein Können und Nicht-Können, seine Erfolge und Misserfolge, seine Leistungsfähigkeit und seine Grenzen und die Tatsache, dass es mit seinen Handlungen etwas bewirken kann. Im Kleinkindalter ist das Streben nach Selbstständigkeit am deutlichsten an motorischen Handlungen zu erkennen. Das Kind möchte beispielsweise alleine eine Stufe runterspringen, sich ausziehen oder beim Schneiden von Gemüse helfen und dadurch Unabhängigkeit von seinen Bezugspersonen erlangen. „Selber machen" ist ein wichtiger Satz in dieser Zeit. Das Kind erlebt seinen Körper als unmittelbar ihm selbst gehörend. Es kann über ihn verfügen und seine Bewegungen zunehmend besser beherrschen.

Erfahrungen, die ein Kind mittels seines Körpers, seiner Sinne und seiner Bewegungen macht, können als Grundlagen seiner Identitätsentwicklung angesehen werden. Folgende Quellen sind für die Entwicklung des kindlichen Selbstbildes von Bedeutung:

Körpererfahrungen prägen das Selbstbild

- Sinneseindrücke und sensorische Wahrnehmungen helfen, ein Körperselbst zu entwickeln. Dieses bildet die Basis für das Bewusstsein einer eigenen Identität. Körpererfahrungen können als früheste Stufe der Selbstentwicklung gesehen werden.

Selbst-Wirksamkeit durch Bewegung

- Erfahrungen von Selbst-Wirksamkeit – das heißt die subjektive Überzeugung, selbst etwas bewirken und verändern zu können – geben dem Kind das Gefühl, kompetent zu sein und durch eigene Handlungen Einfluss auf seine materiale und soziale Umwelt zu haben. Auch die Geschicklichkeit eines Kindes im Umgang mit Material gibt ihm Rückmeldung über seine Fähigkeiten. Körperliche Aktivitäten sind besonders geeignet, einem Kind seine Selbstwirksamkeit zu vergegenwärtigen. Spielmaterialien, Geräte und Bewegungssituationen fordern das Kind zur Aktivität auf, ohne dass ein Erwachsener direkt Einfluss nehmen muss. Erfolg und Misserfolg werden unmittelbar und direkt als selbst verursacht erlebt.

Sich messen und vergleichen dürfen

- Aus dem Sich-Vergleichen und Sich-Messen mit anderen erwirbt ein Kind Vorstellungen über die eigenen Fähigkeiten. Im Kindergarten gibt es viele Möglichkeiten, sich mit anderen Kindern zu vergleichen, z. B. wer schneller oder langsamer, geschickter oder ungeschickter ist. Kinder mögen und brauchen solche Vergleiche, etwa in Form von Raufspielen. Allerdings ist es in solchen Situationen auch wichtig, die Aufmerksamkeit des Kindes auf die Weiterentwicklung seiner eigenen Fähigkeiten zu lenken. Statt sich mit anderen zu messen, kann das Kind dazu angehalten werden, eigene Leistungsfortschritte bewusst wahrzunehmen.

- Für die Selbsteinschätzung ist auch die Bewertung durch andere entscheidend. Obwohl ein Kind vielleicht gar nicht unbeholfen ist, schätzt es sich doch selbst so ein, wenn es von den Erwachsenen oder anderen Kindern so beurteilt wird. Nicht nur die objektiven körperlichen Fähigkeiten, sondern auch die Fremdeinschätzungen beeinflussen die Selbsteinschätzung. Übernimmt ein Kind diese Fremdeinschätzungen und richtet danach die eigene Bewertung des Selbst aus, kann das zu „Sich-selbst-erfüllenden-Prophezeiungen" führen. Z. B. „Du bist noch zu klein für dieses Klettergerüst und wirst herunterfallen".

Selbstbild und Fremdbild

- Unterstützend für die Entwicklung eines positiven Körperbildes und das Erlernen motorischer Abläufe ist das Vorbild der Bezugspersonen und anderer Kinder.

Lernen am Modell

Kinder werden in ihrem gesamten Verhalten sehr von ihrem Selbstkonzept beeinflusst. Ihre Zufriedenheit, ihre Bereitschaft sich anzustrengen oder sich mit neuen Situationen auseinander zu setzen, sind abhängig von ihrer Selbsteinschätzung, die durch Bewegungserfahrungen positiv wie negativ mit geprägt wird (Zimmer, 1997).

Aufgaben im Kindergarten

Die gesellschaftlichen Veränderungen der vergangenen Jahrzehnte haben dazu geführt, dass Kinder immer weniger Aktionsradius und Raum für Bewegungserfahrungen und für zweckfreies Spiel zur Verfügung haben.

Der Kindergarten muss daher heute mehr denn je ein Erfahrungsraum sein, in dem Kinder selbstständig individuelle Erfahrungen mit ihrem Körper, mit Materialien und mit anderen Personen in der sozialen Gemeinschaft machen können. Dadurch werden ihre Handlungs- und Kommunikationskompetenzen gefördert (Kapfer, 1999).

Ganzheitliche Entwicklungsförderung

Im Kindergartenalltag kann durch das Angebot vielfältiger Bewegungsmöglichkeiten besonders gut eine Balance der transaktionalen Prozesse erreicht werden. Natürliche und geförderte motorische Abläufe und Erfahrungen sind elementare Bestandteile einer ganzheitlichen Entwicklungsförderung: sie eröffnen Kindern eine Fülle an Erfahrungs-, Handlungs- und Gestaltungsmöglichkeiten.

Selbstständigkeit durch Bewegungserfahrung

Das Selbstkonzept eines Kindes steht im engen Zusammenhang mit seinen Erfahrungen. Situationen, in denen das Kind selbst aktiv werden kann, sind wichtig für die Entwicklung eines positiven Selbstwertes. Selbstständigkeit, Entscheidungsfähigkeit und Handlungsplanung können vom Kind nur dann erlernt werden, wenn ihm ein möglichst großer Handlungsspielraum innerhalb nachvollziehbarer und sinnvoller Grenzen zur Verfügung steht. Bewegungserlebnisse bieten dem Kind die Gelegenheit, Selbstwirksamkeit zu erleben und sich für die Ergebnisse seiner Handlungen verantwortlich zu fühlen. Das Kind übt seine Geschicklichkeit und lernt seine Leistungsgrenzen kennen und erweitern.

Was die Kindergartenpädagogin wissen muss

Die Bedeutung von Bewegungserfahrungen

Spiel und Bewegung können Erfolgserlebnisse und einen Zuwachs an Selbstwertgefühl und Selbstvertrauen bedeuten, aber auch genau das Gegenteil zur Folge haben, also Misserfolgserlebnisse mit sich bringen und zum Verlust des Vertrauens in die eigenen Fähigkeiten führen. Daher müssen im Kindergarten folgende Grundsätze berücksichtigt werden:

Das Kind darf selbst entscheiden

- Freiwilligkeit der Entscheidung: Positive Wirkungen von Bewegungserfahrungen sind nur dann zu erwarten, wenn das Kind aus eigenem Antrieb agiert. Es soll selbst entscheiden können, was es sich zutraut und wo es sich (noch) zurückhält. Die Kindergartenpädagogin sollte abwarten, wann und in welcher Form ein Kind aktiv wird. Jüngere und unsichere Kinder brauchen zunächst einmal Zeit zum Zuschauen. Die Situation muss frei von Druck und Zwang sein. Die Kindergartenpädagogin sollte als unaufdringliche Spielpartnerin zur Verfügung stehen. Auf keinen Fall darf ein Kind dazu gedrängt werden oder Schuldgefühle entwickeln, wenn es sich nicht beteiligen möchte.

Bedürfnisse des Kindes aufgreifen

- Handlungsimpulse des Kindes aufgreifen: Bewegungsangebote werden von der Kindergartenpädagogin vorbereitet und geplant. Dabei sind jedoch die Eigenaktivität und das selbstständige Handeln der Kinder in den Vordergrund zu stellen. Die Kindergartenpädagogin sollte im Sinne des Transaktionsansatzes als Entwicklungspartnerin zur Verfügung stehen und Impulse, die von den Kindern kommen, aufgreifen. Wenn sich die Kinder mit ihren Tätigkeiten identifizieren können und sich selbstbestimmt erleben, wird ihre Identitätsentwicklung gefördert.

- Vermeidung von Bewertung und Verstärkung der Eigentätigkeit: Die Verstärkung des kindlichen Verhaltens sollte sich auf die Tätigkeit an sich beziehen. Obwohl Lob das Lernen des Kindes unterstützt und sein Verhalten in eine bestimmte Richtung lenkt, sollte auch die Gefahr darin gesehen werden: Kinder können durch Lob von äußeren Bewertungen abhängig gemacht werden. Dadurch suchen sie immer wieder nach Rückmeldung und werden daran gehindert, in ihrem Tun selbst Befriedigung zu finden. Kinder sollten sich unabhängig von ihren Leistungen von der Kindergartenpädagogin akzeptiert fühlen. Unterstützend kann sie einzelnen Kindern bewusst machen, welche individuellen Fortschritte sie gemacht haben. Nicht das Kind („du bist stark“), sondern die Tätigkeit („es ist ganz schön schwer, den Tisch zu tragen“) sollte positiv hervorgehoben werden.

Lob kritisch beachten

- Vereinbaren von einsichtigen Grenzen: Grenzen, die dem Kind ausreichend Spielraum lassen, sollten klar und eindeutig ausgesprochen werden. Symbole können dabei helfen – z. B. zeigt ein buntes Tuch an, wie hoch die Kinder auf der Sprossenwand ohne Sicherung durch die Kindergartenpädagogin klettern dürfen. Grenzen sind zum Schutz der anderen Kinder und zur sachgerechten Behandlung der Materialien notwendig und verdeutlichen die Verantwortung jedes einzelnen Kindes in der Gruppe. Werden diese Vereinbarungen nicht eingehalten, müssen die Konsequenzen besprochen und eingefordert werden, z. B. das Auflegen einer Matte, wenn ein Kind von einem Gerät herunterspringt. Auch dabei können Symbole hilfreich sein, die Regelübertretungen deutlich machen, ohne dass sich das Kind persönlich angegriffen fühlt.

Schutz vor Verletzungen

- Nützen von Bewegungssituationen zur Förderung sozialer Kompetenz: Die Kindergartenpädagogin sollte darauf achten, dass die Kinder wertschätzend miteinander umgehen. Keinesfalls darf ein Kind verspottet werden, wenn es z. B. nicht so geschickt ist. In solchen Situationen sollte mit den Kindern besprochen werden, dass jedes Kind andere Fähigkeiten hat und dass Spott kränkend wirkt. Die Aufgabe der Kindergartenpädagogin ist es, die Kinder dabei zu unterstützen, ihre Gefühle auszudrücken und sich anderen gegenüber abzugrenzen – z. B.: „Es kränkt mich, wenn du sagst, dass ich so langsam bin.“ Wichtig ist, dass die Kindergartenpädagogin diesen Prozess begleitet und sich bei Bedarf selbst einbringt, um ein Kind zu unterstützen.

Niemand darf verspottet werden

Anregungen für die Planung

Bewegung kann fast immer stattfinden

Der Kindergarten bietet Raum für vielfältige Bewegungsmöglichkeiten und -erfahrungen. Der Fantasie von Kindern und Kindergartenpädagog/innen sind dabei keine Grenzen gesetzt. Bewegungsmöglichkeiten beinhalten nicht nur geplante Turneinheiten, sondern alle motorischen Erfahrungen, die sich spontan im Alltag ergeben können. Dazu zählen z. B. Möbel verschieben, Sesseltürme bauen, schwere Dinge heben, am Boden kugeln, springen und vieles mehr. Bewegung kann auch in ruhiger Form ablaufen, etwa wenn Kinder herumschleichen oder etwas dramatisieren oder pantomimisch darstellen.

Die Einplanung von Bewegungsmögichkeiten im Kindergartenalltag sollte sich an folgenden Aspekten orientieren:

- Im Alltag muss ausreichend Zeit und Raum dafür vorgesehen sein, dass die Kinder ihre individuellen Bedürfnisse nach Bewegung ausleben und befriedigen können. Im Sinne des Transaktionsansatzes sollten die Kinder selbst entscheiden, welche Bewegungserfahrungen sie derzeit brauchen. Die Aufgabe der Kindergartenpädagogin ist es unter anderem, auf die Sicherheit der Kinder zu achten und sie auf eventuelle Gefahren hinzuweisen.
- Die Kindergartenpädagogin sollte den gesamten Kindergartenbereich und den Gruppenraum optimal für Bewegungsmöglichkeiten nützen. Dabei muss beachtet werden, dass der Gruppenraum nicht mit Möbeln überfüllt ist, die die Kinder beim Bewegen behindern.
- Die Kinder sollten im Alltag stets die Möglichkeit haben, mit unterschiedlichen Bewegungsmöglichkeiten zu experimentieren und Erfahrungen zu sammeln. Dazu stehen ihnen vielfältige altersadäquate Materialien und Geräte zur Verfügung, die jederzeit leicht zugänglich sind und von den Kindern selbstständig benützt werden können.
- Bewegungserfahrungen in unterschiedlichen Umgebungen – im Gruppenraum, im Gang, im Bewegungsraum, im Garten, im Wald etc. – und unter verschiedenen Bedingungen – im Schnee, im Regen oder im Wasser – sollten flexibel in den täglichen Ablauf eingebaut werden.
- Die tägliche Routine – etwa die Mahlzeiten, das Klogehen oder die Zeiten des Freispiels – bietet vielfältige Möglichkeiten, um Geschicklichkeit, Koordination und Körperbewusstsein der Kinder zu fördern. Diese Alltagssituationen können dafür auch bewusst genutzt werden.

- Die Kinder sollten im Alltag ausreichend Gelegenheit haben, ihre Körperkraft zu erfahren und richtig einsetzen zu lernen. Dies ist z. B. während des Freispiels durch Tragen, Schleppen oder Heben möglich. Es können sich auch während der Mahlzeiten oder der Ruhephase Möglichkeiten dazu ergeben, wenn Tische verrückt, Servierwagen geschoben oder Matratzen geholt werden müssen.
- Der Bewegungsraum kann von der Kindergartenpädagogin dazu genützt werden, die Kinder in Form einer Bewegungsbaustelle in die Auswahl der Geräte mit einzubeziehen. Im Sinne des Transaktionsansatzes werden die Kinder dann als aktive Gestalter ihrer Entwicklung ernst genommen und entscheiden selbst, welche Übungen sie wann und wie oft durchführen möchten.
- Um dem Bedürfnis der Kinder nach Kämpfen, Raufen und sich Messen zu entsprechen, sollten Gelegenheiten dafür in den Alltag eingeplant werden. Dies kann in Form eines sportlichen und lustvollen Wettkampfes stattfinden und durch bestimmte Rituale und Gebote geregelt sein.
- Bewegungserfahrungen beinhalten auch das Einschätzen von Gefahren und physikalischen Gegebenheiten, wie z. B.: „Je schneller ich laufe, um so mehr Zeit benötige ich stehen zu bleiben.“ Die Kindergartenpädagogin überlegt sich bewusst, welchen Erfahrungsraum sie zulässt. Sie sollte die Kinder in ihren Bewegungsabläufen nicht vorschnell unterbrechen und so wertvolle Erfahrungen verhindern: Stolpern, Ausrutschen oder Hinfallen tragen dazu bei, dass ein Kind seine eigenen Fähigkeiten kennen lernt, Selbstkompetenz entwickelt und sich ernst genommen fühlt.
- Die Kindergartenpädagogin sollte die Kinder nach Bewegungsphasen mit geeigneten Methoden zu Ruhe und Entspannung führen.

Fragen zur Reflexion

Zur Reflexion hinsichtlich der Ermöglichung von Bewegungserfahrungen können folgende Fragen dienen:

- In welchen Situationen, zu welchen Zeiten haben die Kinder ein besonders starkes Bewegungsbedürfnis? Kann ich diesem Rechnung tragen und auch auf individuelle Bedürfnisse eingehen?
- Werden die räumlichen Ressourcen des gesamten Kindergartens optimal für Bewegung genutzt?

- ❍ Bestehen während des Alltags auch außerhalb gemeinsamer Bewegungseinheiten Möglichkeiten für Kleingruppen, den Garten oder den Bewegungsraum zu benützen? Haben wir dazu in der Gruppe Regeln formuliert, wie z. B.: Gewisse Geräte dürfen nicht benutzt werden, wenn kein Erwachsener dabei ist.
- ❍ Unterstütze ich die Kinder in ihrer Selbstständigkeit, indem ich ihnen genug Zeit gebe und sie ermutige, Bewegungsabläufe selbst zu erlernen?
- ❍ Finden Bewegungserfahrungen in lustiger und lockerer Atmosphäre statt?
- ❍ Nehme ich mögliche Gefahren schon sprachlich vorweg und unterbinde damit das Vertrauen der Kinder in ihre eigenen Fähigkeiten, wie z. B.:„Pass auf, du wirst dir gleich weh tun.“ Oder unterstütze ich die Kinder mit sprachlichen Formulierungen wie: „Der Sprungkasten ist hoch. Wenn du auf eine Matte springst, fällst du weich.“
- ❍ Achte ich auf motorische Defizite einzelner Kinder, wenn sie z. B. Bewegungssituationen vermeiden oder Entwicklungsrückstände aufweisen?
- ❍ Achte ich auf geschlechtssensible sprachliche Formulierungen? Sätze wie „Welcher starke Bub kann mir helfen, den Tisch zu tragen?“ haben ihren Ursprung in der eigenen Sozialisation und sollten heute überdacht werden.
- ❍ Übertrage ich meine eigenen Ängste auf die Kinder? Setze ich mich gegebenenfalls unter fachlicher Anleitung damit auseinander?

Eltern- und Öffentlichkeitsarbeit

Die Bedeutung von Bewegung thematisieren

Im Rahmen von Elternabenden oder in der pädagogischen Konzeption eines Kindergartens können die Eltern über die Bedeutung von Bewegung für die ganzheitliche Entwicklung ihres Kindes informiert werden. Wenn sie z. B. selbst die Möglichkeit haben, an einer Bewegungsbaustelle teilzunehmen, erfahren und erleben sie anschaulich, was die Kinder dabei alles lernen können.

Bewegung ist gesund und macht kompetent

Dazu zählen neben den Aspekten der Gesundheit und Förderung der Geschicklichkeit, die den meisten Eltern bewusst sind, auch die positiven Auswirkungen von Bewegungserfahrungen auf die Ausbildung von Selbstkompetenz und Selbstständigkeit. Im Rahmen von Kleingruppenarbeit kann die Sensibilität der Eltern für sprachliche Formulierungen und Botschaften geweckt werden, die für den Umgang ihres Kindes mit Bewegung, Motorik, Geschicklichkeit etc. wichtig sind: Dazu gehören geschlechtssensible Aussagen, die keinem Geschlecht bestimmte Charakteristika zuschreiben, sowie Formulierungen, die die Selbstständigkeit des Kindes anregen.

Ängste der Eltern, dass sich ihr Kind z. B. verletzen könnte, müssen ernst genommen und thematisiert werden.

Besonders Bewegung in frischer Luft sollte im Kindergarten täglich ermöglicht werden. Die Eltern werden darauf hingewiesen, dass sich die Kinder im Kindergarten manchmal schmutzig machen werden. Entsprechend bewegungsfreundliche und wetterfeste Kleidung zum Umziehen ermöglicht es den Kindern, alle Bewegungsangebote, die sie interessieren, zu nützen.

Bequeme Kleidung ist notwendig

Im Kindergarten sollte versucht werden, die Eltern so viel wie möglich in die tägliche Arbeit mit einzubeziehen. Im Zusammenhang mit Bewegungsangeboten kann erfasst werden, welche Ressourcen die Eltern zu bieten haben: So ist es vielleicht möglich, den Garten einzelner Familien zu nützen. Manche Eltern können die Kinder im Rahmen von „Schnupperstunden" mit bestimmten Sportarten vertraut machen. Die Eltern können auch in Projekte, die mit Bewegung zu tun haben, eingebunden werden.

Eltern werden eingebunden

Aufgabe der Kindergartenpädagogin ist das Erkennen von motorischen Defiziten bei einzelnen Kindern. Hier ist es wichtig, die Eltern darauf hinzuweisen und den Kontakt zu entsprechenden Expert/innen – Ergotherapeut/innen, Psycholog/innen, Physiotherapeut/innen etc. – herzustellen.

Teamarbeit

Das gesamte Gelände eines Kindergartens sollte für vielfältige und abwechslungsreiche Bewegungserfahrungen der Kinder genutzt werden. Dazu müssen im Team verschiedene Aspekte besprochen werden:

- Die gemeinsame Nutzung von Räumen kann sich unter anderem auf den Gang, den Garten, den Bewegungsraum, die Garderobe etc. beziehen. Dafür müssen Regeln aufgestellt und die Ausgestaltung dieser Bereiche abgesprochen werden.
- Gemeinsame Regeln müssen auch für gruppenübergreifende Aktivitäten gelten, z. B. wenn sich Kinder aus verschiedenen Gruppen im Bewegungsraum und im Garten aufhalten.
- In der Konzeption der Einrichtung sollte die umfassende entwicklungsfördernde Bedeutung von Bewegungserfahrungen betont werden.

- Im Rahmen einer Supervisionsgruppe können eigene Ängste angesprochen werden, die möglicherweise die Selbstständigkeit der Kinder hemmen könnten. Der Umgang mit sprachlichen Formulierungen sollte reflektiert werden. Gemeinsam können neue Formulierungen gefunden und z. B. im Rollenspiel geübt werden.

Nehmen Sie sich Zeit, diese Anregungen mit Ihren eigenen Ideen und Überlegungen zu ergänzen.

Alltagssituation: „Bitte alle einsteigen!"

Kerstin ist am Wochenende mit ihrer Mutter zum ersten Mal mit der Bahn ins Waldviertel gefahren. Freudig erzählt sie mir am Montagmorgen von ihrem Erlebnis. August, ihr Freund, steht daneben und meint: „Komm, wir bauen einen Zug." Gesagt – getan. Sie stellen Sessel hintereinander zu einem Zug auf. August ist ein Fahrgast. „Alles einsteigen!", ruft Kerstin, die die Zugführerin ist.
Angelockt von dieser Spielsituation setzen sich auch Tobias und Dominik auf einen Sessel. Jeder darf einmal der Zugführer sein. Als Tobias an der Reihe ist, steigt er auf seinen Sessel und klettert über alle Lehnen zum ersten Sessel nach vorne. Diese Idee wird von den anderen aufgegriffen und so beginnt ein munteres „Über-die-Sessel-Steigen".

Das bringt Bewegung in den Gruppenraum, doch die anderen Kinder fühlen sich nicht gestört und manch einer kommt zu dieser Klettergruppe noch dazu. Und weil es so Spaß macht, stellt Kerstin noch weitere freie Sessel an die Reihe, bis sie zu einem freien Tisch kommt. Dieser wird jetzt in das Klettergeschehen mit einbezogen. Das ist in unserer Gruppe durchaus üblich, wenn der Tisch frei ist. Vom Tisch ist es dann nur noch ein Schritt bis zum Regal, von dem die Kinder hinunterspringen wollen. Ich beobachte das Geschehen und mache die Kinder darauf aufmerksam, dass sie eine Matte zum Draufspringen benötigen. „Ich weiß was!", ruft Tobias, „Wir holen uns eine Matte aus dem Bewegungsraum." Nachdem sie mir ihr Vorhaben erzählt haben, geht er mit August unsere Helferin Christine suchen, die ihnen bei der Organisation helfen soll.
Nach ein paar Minuten sind sie mit einer Matte wieder da. Und lustig geht es mit der Kletterpartie weiter. Ich weise die Kinder darauf hin, dass sie beim Runterspringen warten sollen, bis das Kind vor ihnen weggegangen ist. Die dreijährige Susi kommt nun dazu und will in der Mitte der aufgestellten Sesselreihe auf einen Sessel steigen. Kerstin schreit: „He, hinten anstellen!" Susi ist unsere Jüngste und noch nicht so geschickt. Sie bleibt zwar einen Augenblick stehen, macht jedoch keine Anstalten, sich in der Reihe anzustellen. Da geht Kerstin zu ihr hin und sagt: „Du musst dich hinten anstellen, sonst darfst du nicht mitmachen." Susi – sichtlich überfordert – will schon weggehen.
Ich gehe zu den Kindern und unterstütze beide in ihren Anliegen, indem ich Susi zeige, wo sie sich hinstellen soll und Kerstin darauf hinweise, dass sie bei jüngeren Kindern in unserer Gruppe geduldiger sein soll. Ich fordere nun auch die anderen auf, auf Susi Rücksicht zu nehmen: Keiner darf sie drängen und stossen. Der Bewegungsdrang einzelner Kinder lässt sie oft auf rücksichtsvollen Umgang vergessen. Ich gehe neben Susi her und helfe ihr beim Runterspringen. In ihrem Gesicht lese ich Begeisterung. Dieses Mal weiß sie schon, wo sie sich anstellen soll. Sie wird bei jedem Durchgang sicherer.
Als es Tobias keinen Spaß mehr macht, sagt er zu Kerstin: „Tun ma' kämpfen?" Dies kennt er von gemeinsamen sportlichen Wettkämpfen, die ich manchmal mit den Kindern im Bewegungsraum veranstalte. Dabei gelten folgende Abmachungen: Zwei Kinder melden sich und ringen nach einem Begrüßungsritual miteinander. Am Ende – meist durch einen Trommelschlag signalisiert oder wenn einer der beiden sagt „Ich will nicht mehr" – bedanken sich beide für den Kampf. Grundregeln und Verbote wurden vorher besprochen.

Kerstin ist sofort einverstanden, weiß aber nicht so recht, ob sie auch im Gruppenraum ringen dürfen. Sie kommt daher zu mir und fragt mich. Ich bespreche mit den Kindern, wo sie es machen können und worauf sie dabei achten sollen. Ich leite diese Ringkämpfe jedoch nicht und bin schon gespannt, wie sie ohne meine Hilfe ablaufen werden. Die beiden Kinder versuchen, auch die anderen für diese neue Idee zu gewinnen, denn sie brauchen die Matte dazu. Dies gelingt ihnen auch. Kerstin und Tobias sind natürlich die Ersten. Als Kerstin Tobias einmal an den Haaren reißt, schreit dieser: „He, das gilt nicht!" Kerstin schreit: „Ah so, ja!" und dann geht's weiter. Ich freue mich, wie die Kinder unsere gemeinsamen Regeln übernehmen, einfordern und einhalten.

Durch ausreichende Bewegungsmöglichkeiten im Kindergarten bzw. in dieser Alltagssituation werden unter anderem folgende Kompetenzen angesprochen:

Selbstkompetenz

- *Förderung von Körperbewusstsein und eines positiven Körpergefühls durch die Möglichkeit, sich zu erproben und Erfahrungen mit dem eigenen Körper zu sammeln.*
- *Durch vielfältige Bewegungsmöglichkeiten im Alltag, die von den Kindern ständig genutzt werden können und dürfen, wird ihre Selbstständigkeit unterstützt.*
- *Durch Bewegungsangebote werden fein- und grobmotorische Fähigkeiten und die Geschicklichkeit der Kinder auf vielfältige und differenzierte Weise gefördert.*
- *Förderung von Körperkontrolle und Kraftdosierung durch das Schieben, Heben, Tragen von Sesseln oder anderen schweren Gegenständen, durch das Klettern und Herunterspringen sowie durch die Ringkämpfe.*
- *Bewegungserfahrungen unterstützen die Kinder in der Entwicklung von Selbstbewusstsein und Identität.*
- *Durch körperliche Aktivitäten machen die Kinder Erfahrungen mit den räumlichen Gegebenheiten, in denen sie sich bewegen, und differenzieren dadurch ihre Fähigkeiten zur Raumvorstellung.*
- *Förderung der Konzentrationsfähigkeit: Die Kinder lernen, sich auf bestimmte Handlungen zu konzentrieren, um dadurch z. B. das Verletzungsrisiko zu minimieren.*

Sozialkompetenz

- *Der respektvolle Umgang der Kinder miteinander ist gefragt, wenn auf jüngere Kinder oder Kinder, die nicht so geschickt sind, Rücksicht genommen werden muss. Die Kinder lernen, auch diese in ihr Spiel mit einzubeziehen und ihnen mehr Toleranz entgegen zu bringen.*
- *Das Regelbewusstsein und Verantwortungsgefühl der Kinder wird durch das Aufstellen und Besprechen von Regeln, die bei den Raufspielen einzuhalten sind, unterstützt.*
- *Förderung von Kommunikationsfähigkeit, wenn die Kinder miteinander absprechen, was sie spielen möchten und was dazu notwendig ist.*
- *Teamfähigkeit und Kooperation sind notwendig, wenn Bewegungs- und Raufspiele jederzeit möglich sind, dazu aber bestimmte Voraussetzungen gelten müssen. Die Kinder müssen sich im Team absprechen und einigen.*
- *Förderung der Fähigkeit zur Abgrenzung: Bei den Ringkämpfen lernen die Kinder, ihre eigenen Grenzen zu erkennen und das Spiel durch bestimmte Rituale zu beenden.*

Sachkompetenz

- *Die Kinder lernen zu planen und eigene Ideen durchzusetzen: Im Beispiel haben Kerstin und August eine Spielidee, bauen alles Notwendige dafür auf und einigen sich mit ihren Mitspieler/innen auf gewisse Regeln, die beim Spiel gelten – z. B. dass sich alle hinten anstellen müssen.*
- *Körperliche Aktivitäten und Bewegungsspiele unterstützen in hohem Maße den Erwerb von Handlungskompetenz bei den Kindern: Sie lernen sich selbst und ihre Fähigkeiten – aber auch Grenzen – einzuschätzen, zu planen und bestimmte Rahmenbedingungen für ihre Vorhaben zu schaffen.*
- *Durch Aktivitäten wie Hinaufklettern, Herunterspringen, Heben, Tragen, Schieben etc. werden die Kinder mit physikalischen und technischen Gegebenheiten vertraut: Sie lernen abzuschätzen, wie hoch, wie schwer etc. etwas ist.*

Die Analyse des Beispiels macht folgende transaktionale Aspekte sichtbar:

Tranksaktionale Prozesse

- *Objektivieren: Beim Ringen müssen sich die Kinder an vorher vereinbarte Regeln halten. Durch das Anpassen an physikalische Gegebenheiten beim Bauen des Zuges finden ebenfalls Objektivierungsprozesse statt.*
- *Subjektivieren: In das Zugspiel bringt Kerstin ihre eigenen Erfahrungen ein, die sie am Wochenende mit ihrer Mutter gemacht hat. Kerstin hat die Möglichkeit zu subjektivieren, das heißt die Umwelt im Kindergarten ihren persönlichen Ideen entsprechend zu verändern.*
- *Aneignen: Die Kinder lernen, dass beim Herunterspringen Matten benötigt werden und dass gewartet werden muss, bis der Weg zum Springen frei ist. Susi macht sich durch das vorsichtige Erweitern ihres Handlungsspielraumes Schritt für Schritt mit neuen Bewegungsmöglichkeiten vertraut und gewinnt dadurch Sicherheit.*
- *Vergegenständlichen: Kerstin und August haben die Idee, Zug zu spielen. Sie bauen einen Zug aus Sesseln auf und gestalten ihre Umwelt dadurch selbstständig und eigeninitiativ.*

Regeln gemeinsam regeln

Regeln als Grundlage für das Zusammenleben

Regeln sind dazu da, das Zusammenleben in einer Gruppe zu organisieren. Sie vermitteln Werte und Normen, an denen sich die einzelnen Mitglieder einer Gruppe orientieren sollen.

Regeln sollten – wenn möglich – für Kinder nachvollziehbar sein und kindgerecht begründet werden. Das bedeutet, dass sie für ihr kindliches Weltbild verständlich und eine Hilfestellung im Alltag sein sollen.

Situationen, die Regeln erfordern

Oft betreffen Regeln im Kindergarten Zeitabläufe, Hygiene, Gefahren oder soziale Interaktionen unter den Kindern. Beispiele sind:

- Kinder, die den Gruppenraum verlassen, sagen der Kindergartenpädagogin, wohin sie gehen.
- Wenn die Kinder in den Garten gehen, ziehen sie ihre Straßenschuhe an.
- Beim Essen bleiben alle beim Tisch sitzen.
- Kinder sollen im Garten keine Steine in die Luft werfen.
- Nach der Toilette waschen die Kinder ihre Hände.

Entwicklungspsychologische Grundlagen

Lange Zeit wurden die kommunikativen und sozialen Kompetenzen von Kindern sowie ihre Fähigkeit zur Problemlösung unterschätzt. Heute weiß man, dass Kinder unglaubliche Kreativität beweisen, wenn sie im Sinne des Transaktionsansatzes in Entscheidungsprozesse eingebunden und ihnen Handlungs- und Gestaltungsmöglichkeiten eröffnet werden.

Soziale Kompetenzen müssen gelernt werden

Demokratische Verhaltensweisen und moralisches Urteilsvermögen sind nicht angeboren, sondern resultieren aus Lern- und Reifungsprozessen in der sozialen Umwelt des Kindes. Das bedeutet, dass das Vorbild der Bezugspersonen und die Auseinandersetzung mit verschiedenen Standpunkten entscheidend für die Entwicklung sozialer Fertigkeiten sind.

Kinder lernen, mit Regeln umzugehen

Regeln geben Orientierung

Im zweiten und dritten Lebensjahr sind Kinder noch nicht fähig, Risiken einzuschätzen oder den Ausgang und die Konsequenzen von Handlungen vorwegzunehmen. Sie brauchen die Unterstützung ihrer Bezugspersonen, die ihnen Sicherheit geben und helfen, Gefahren in ihrer Umgebung zu erkennen, sich an Regeln zu halten, Selbstständigkeit aufzubauen und mit anderen auszukommen. Klare Verhaltensregeln bieten Schutz und Orientierung.

Ein Beispiel wäre: Wenn Kinder von einem hohen Gerät herunterspringen, sollte ein Fallschutz – z. B. eine Matte – vor Verletzungen schützen.

Kinder wollen mitreden

Mit zunehmendem Alter sollten Kinder aktiv in die Regelfindung miteinbezogen werden. Sie sollten unterstützt und ermutigt werden, die Bewertungen ihrer Bezugspersonen nicht mehr kritiklos zu übernehmen, sondern mit ihnen über das, was gelten soll, zu verhandeln. Kinder können die Auswirkungen des eigenen Tuns immer besser voraussehen und zunehmend auch die Standpunkte und Gefühle anderer mit einbeziehen. Sie entwickeln die Fähigkeit zur Empathie (Rollett & Rollett, 1999).

Der Umgang mit der Regelfindung und die damit verbundenen Kommunikationsmuster im Kindergartenalter bilden eine Grundlage für den späteren Umgang mit Regeln, wie z. B. in der Pubertät.

Aufgaben im Kindergarten

Kinder können mitgestalten

Zu Beginn des Kindergartenjahres stellen gut überlegte Regeln der Kindergartenpädagogin eine Orientierungshilfe dar und geben den Kindern Sicherheit. Im Laufe des Jahres sollten jedoch immer mehr Freiräume geschaffen werden, in denen die Kinder selbstständig Entscheidungen treffen und agieren können. Im Sinne des Transaktionsansatzes beweisen Kinder viel Kompetenz und Verantwortungsgefühl, wenn ihnen Mitgestaltungsmöglichkeiten eröffnet werden.

Regeln können frustrieren

Beim Erstellen von Regeln im Kindergarten muss Folgendes bedacht werden: Je enger der Rahmen erwünschten Verhaltens gesteckt wird, umso weniger Kinder werden sich daran halten wollen oder können. Wenn eine Regel, die offensichlich kaum eingehalten werden kann, immer wieder gebrochen wird, ist das für alle Beteiligten irgendwann frustrierend. Die Kindergartenpädagogin sieht sich häufig veranlasst zu kontrollieren und die Regel einzufordern – z. B., dass beim Essen nicht geredet werden darf, zeigt, dass Regeln oft erst Probleme schaffen, statt sie zu lösen.

Regeln im Kindergarten müssen daher auf ihre Sinnhaftigkeit hinterfragt und den Umständen und der jeweiligen Situation entsprechend aktualisiert werden. Beim obigen Beispiel gilt etwa, dass gerade beim gemeinsamen Essen interessante, wesentliche Gespräche entstehen, die verloren gingen, wenn niemand sprechen darf.

Regeln müssen Sinn machen

Ein anderes Beispiel wäre, dass Kinder nicht auf den Tisch steigen dürfen. Das Klettern auf einen Tisch beinhaltet aber das Einüben motorischer Handlungsabläufe. Daher sollte die Kindergartenpädagogin überlegen, ob und unter welchen Bedingungen eine solche Aktivität zugelassen werden kann, vor allem, wenn im Kindergarten wenig Bewegungsmöglichkeiten vorhanden sind.

Gemeinsam Regeln finden

Regeln entstehen im Dialog

Regeln sollten Ausdruck eines gemeinsamen Beziehungs- und Kommunikationsprozesses sein. Unter dem transaktionalen Gesichtspunkt des Subjektivierens sollten Kinder ihre eigenen Erfahrungen und Ideen einbringen können und gemeinsam mit der Kindergartenpädagogin überdenken, inwieweit diese in die Regeln einbezogen werden können. In diesen Dialog sollten Ängste, Wünsche und Fantasien aller Beteiligten mit einfließen. Durch den Prozess der Regelfindung ermöglicht die Kindergartenpädagogin den Kindern viele Lernerfahrungen und bleibt selbst Lernende und Forschende in den jeweiligen Situationen.

Demokratie leben

Ein offen geführter Dialog mit den Kindern über Regeln im Kindergarten birgt die Chance, mehr über deren Handlungsmotive und Interessen zu erfahren und ihnen demokratisches Verhalten zu vermitteln. Gemeinsam gefundene Regeln und Vereinbarungen helfen, die Interessen aller zu berücksichtigen. Es findet eine Verständigung darüber statt, welche Sichtweisen die einzelnen Beteiligten haben und welche Sachverhalte überhaupt geregelt werden sollten, um ein „Miteinander“ zu ermöglichen. Diese Prozesse fördern auch das Gemeinschaftsgefühl. Die Kinder spüren das Vertrauen der Kindergartenpädagogin und gelebte Toleranz in der Welt der Erwachsenen, wenn sie eigene, individuelle Bewältigungsstrategien finden dürfen.

Von Kindern mitgestaltete Regeln im Alltag führen auch dazu, dass sie sich besser damit identifizieren können. Dies hilft ihnen dabei, die Regeln einzuhalten und selbst darauf zu achten, dass auch andere sie befolgen.

Überforderung durch Regeln

Es gibt verschiedenste Gründe, warum Kinder manchmal Regeln nicht einhalten können, z. B. Überforderung, Müdigkeit, Suchen nach Aufmerksamkeit oder andere Bedürfnisse und Interessen. Auch selbst wenn ein Kind gerne möchte, manchmal ist es nicht in der Lage, sich an Regeln zu halten. Die folgende Aussage eines fünfjährigen Buben soll verdeutlichen, was damit gemeint ist: „Weißt du, ich möchte gar nicht schlimm sein, aber in meinen Kopf ist etwas und da kann ich nicht anders.“ Dieser Bub versucht sogar zu erklären, warum er nicht in der Lage ist, den Anforderungen der Erwachsenen gerecht zu werden.

Der Umgang mit Regelüberschreitungen

Für die Praxis bedeutet dies, dass Kinder beim Nicht-Einhalten von Regeln und der damit verbundenen Konsequenz ihre subjektiven Erklärungen und Motive ausführen dürfen. Die Kindergartenpädagogin führt mit ihnen einen Dialog über Überschreitungen von Regeln. Damit ändert sie ihre Haltung grundlegend: Sie ist nicht mehr die „Überwacherin“ der Regeln, sondern begibt sich mit den Kindern auf die Suche nach ihren Handlungsmotiven und augenblicklichen Interessen. Daraus kann die Abänderung einer Regel für eine bestimmte Situation oder für immer entstehen. Dies führt zu einer Erweiterung des kindlichen Handlungsspielraums und stellt die Bedürfnisse der Kinder in den Mittelpunkt.

Der Prozess der gemeinsamen Regelfindung braucht Zeit und Übung

Ein Prozess mit offenem Ausgang

Pädagog/innen müssen sich bewusst sein, dass der Prozess einer gemeinsamen Regelfindung zeitaufwändig ist und nicht von heute auf morgen reibungslos vor sich geht. Wer bereit ist, Vereinbarungen gemeinsam auszuhandeln, muss sich auf einen Prozess mit offenem Ausgang einlassen können. Die Kindergartenpädagogin muss ihre eigenen Vorstellungen und Lösungsideen zurückstecken, um sich auf die Kinder und deren Erlebniswelt einstellen zu können. Erst dadurch, dass sie nicht sofort etwas als Recht und Unrecht beurteilt, kann sie erfahren, dass die Kinder ihre eigenen Sichtweisen haben können.

Praxisorientierung bei der Regelfindung

Sinn und Unsinn von Regeln erweisen sich oft erst durch ihre Erprobung in der Praxis. Die Kindergartenpädagogin sollte sich trauen, auch innovative und unkonventionelle Entscheidungen mit den Kindern zu treffen. Wenn sich diese in der Praxis manchmal als unvollständig und unzureichend erweisen sollten, sind sie Anregung für eine weitere Auseinandersetzung mit den Kindern (Kazemi-Veisari, 1991).

Ausnahmen bestätigen die Regel

Wenn man mit Kindern Regeln aushandelt, weiß niemand, was am Ende dabei herauskommt. Regeln, die auf diese Weise entstehen, sind unfertig. Sie laden zum Experimentieren ein und ermöglichen, dass verschiedene Interessen, Absichten und Motive zur Sprache kommen und berücksichtigt werden können. Kindergartenpädagog/innen können mit dieser Haltung an Gelassenheit gewinnen und sich vom Regelperfektionismus befreien, der Vieles im Alltag blockiert und hemmt. Regeln sollten nicht zu Dogmen werden. Es muss auch möglich sein, eine Ausnahme zu machen, wenn es die Situation und die Bedürfnisse der Kinder erfordern. Dadurch wird der Anspruch der Kindzentriertheit und des partnerschaftlichen Dialogs mit Kindern verwirklicht. Indem man Kindern die Gelegenheit zum Ausprobieren gibt, werden ihre Selbstregulierungskräfte aktiviert und ihre Kompetenz und ihr Selbstvertrauen gestärkt.

Auch Gebote und Verbote sind notwendig

Abschließend sei angemerkt, dass nicht alle Regeln mit den Kindern ausgehandelt werden müssen oder können. Wenn es z. B. um Sicherheit oder Hygiene geht, gilt mit der dazugehörigen Begründung, was die Kindergartenpädagogin vorgibt. Allerdings ist es in solchen Situationen erforderlich, den Kindern eindeutig und ehrlich zu vermitteln, dass sie keinen Verhandlungsspielraum haben. Unzulässig ist, sie scheinbar mit verhandeln zu lassen, die Lösung aber schon im Kopf zu haben und die Kinder dorthin zu steuern. Von der Kindergartenpädagogin einseitig festgelegte Richtlinien im Zusammenleben sollten daher eher als Anordnungen, Verbote, Gebote oder Bestimmungen gesehen und auch so vermittelt werden. Der Satz: „Wir haben uns doch gemeinsam ausgemacht, dass...." trifft in solchen Fällen nicht zu.

Mitgestalten macht kompetent

Es liegt in der pädagogischen Verantwortung der Kindergartenpädagogin zu entscheiden, wo es sinnvoll und kindgerecht ist, Kinder mit einzubeziehen. Es sollten möglichst viele Freiräume, Mitentscheidungsmöglichkeiten und Dialoge über Regeln gewährt werden, da dies für die Kompetenzentwicklung der Kinder wichtig ist.

Anregungen für die Planung

Für den Umgang mit Regeln im Alltag können folgende Überlegungen hilfreich sein:

- Vor dem Kindergartenbeginn sollte die Kindergartenpädagogin überlegen, welche Gebote und Regeln notwendig sind, um den Tagesablauf zu strukturieren und den Kindern Orientierung zu geben. Je jünger die Kinder sind, umso wichtiger sind die Fixpunkte, z. B. Zeitpunkt, Platz und Ablauf der Zwischenmahlzeit.

- Die Kindergartenpädagogin sollte sich im Klaren sein, welche Gebote sie aus hygienischen und organisatorischen Gründen bzw. aus Gründen der Sicherheit und des positiven Umgangs miteinander festlegt. Beispiele dafür wären:
  - Niemand darf über den anderen bestimmen.
  - Vor und nach dem Essen waschen sich alle die Hände.
  - Die spielenden Kinder müssen gefragt werden, wenn ein anderes Kind mitspielen möchte.
  - Süßigkeiten sollen nicht in den Kindergarten mitgebracht werden.
- Aus transaktionaler Sicht sollten möglichst viele Regeln mit den Kindern gemeinsam erarbeitet oder verändert werden.
- Während des Tagesablaufes – am günstigsten vor dem Mittagessen – sollte ein fixer Zeitpunkt für eine tägliche Gesprächsrunde eingeplant werden. Dabei kann unter anderem über Regeln und Regeländerungen diskutiert werden.
- Für eine kindgerechte und anschauliche Umsetzung von Regeln kann mit Symbolen, Fotos oder dem Zeichen der Kinder gearbeitet werden. Eine Symbol kann z. B. anzeigen, ob ein bestimmter Bereich besetzt ist.
- Das Thema „Regeln im Kindergarten" kann über einen längeren Zeitraum hinweg Schwerpunkt sein, z. B. im Rahmen eines Kinderparlaments oder einer Kinderkonferenz.

Fragen zur Reflexion

Zur Reflexion der Regelfindung und -gestaltung im Kindergarten können von der Kindergartenpädagogin folgende Fragen herangezogen werden:

- Welche Regeln und Gebote gibt es in meiner Gruppe? Sind sie noch aktuell und sinnvoll?
- Beziehe ich die Meinung der Kinder in die Regelfindung mit ein? Gelingt es mir, transaktionale Austauschprozesse zu optimieren?
- Welche Regeln sind mir persönlich ein besonderes Anliegen?
- Verstehen die Kinder die Sinnhaftigkeit einzelner Regeln?
- Kommt es mit einzelnen Kinder immer wieder zu Machtkämpfen bei der Einhaltung von Regeln? Wo liegen dafür die möglichen Ursachen?
- Kommen einzelne Kinder in meiner Gruppe tratschen, wenn Regeln von anderen nicht eingehalten werden? Wie gehe ich damit um?

- Kann ich die Äußerungen und Vorschläge der Kinder akzeptieren, ohne sie zu bewerten?
- Wer achtet in der Gruppe auf die Einhaltung der Regeln? Bin das nur ich selbst oder tragen auch die Kinder Verantwortung?
- Kann ich die bestehenden Regeln pädagogisch vertreten oder dienen sie in erster Linie organisatorischen Zwecken, wie Zeitersparnis, Lärmsenkung etc.?
- Fallen manche Kinder häufig durch das Nicht-Einhalten von Regeln auf? Welche Erklärungsmodelle habe ich dafür und wie kann ich dem Kind Erfolgserlebnisse in diesem Bereich ermöglichen?

Eltern- und Öffentlichkeitsarbeit

Demokratischer Umgang mit Eltern

Der Kindergarten hat die gesellschaftspolitische Aufgabe, Kinder in einem demokratischen Verständnis zu bilden. Die Wechselprozesse zwischen dem Kindergartenpersonal und den Eltern bzw. der Öffentlichkeit sollten für die Kinder ein Modell für den demokratischen Umgang miteinander sein.

Regeln müssen transparent sein

In einer eigenen, schriftlich festgelegten Konzeption werden den Eltern allgemein gültige Werte und Richtlinien des Kindergartens vorgestellt. Auf Grund der Transparenz der hausinternen pädagogischen Regeln können sich die Eltern entscheiden, ob sie damit einverstanden sind und die pädagogischen Vorstellungen des Kindergartens mittragen. Nach außen sollte klar und transparent sein, welche Regeln im Kindergarten gelten und welche pädagogischen Überlegungen dahinter stehen.

Auch Eltern sollen sich an Regeln halten

Auch Eltern sollen sich im Kindergarten an Regeln halten. Viele Unstimmigkeiten können bereits im Vorfeld ausgeräumt werden, wenn auch Eltern – genauso wie Kinder – über die Sinnhaftigkeit einzelner Vereinbarungen informiert werden.

Es wäre wünschenswert, die Eltern in einige Regelfindungsprozesse mit einzubeziehen. Anregungen von Seiten der Eltern sollten im Team zur Diskussion gestellt und gegebenenfalls berücksichtigt werden.

Eltern sollten auch über die Bedeutung und die Chancen der Partizipation von Kindern informiert werden. In einer Kindergartenzeitung könnten Eltern über den Prozess der gemeinsamen Regelfindung in der Gruppe informiert werden, z. B. durch ein Beobachtungsprotokoll.

Hinsichtlich des Umgangs mit Regeln könnten die Eltern in Kleingruppen über ihre persönlichen Erfahrungen mit Regeln diskutieren und für dieses Thema sensibilisiert werden.

Teamarbeit

Für die Arbeit im Team sind folgende Aspekte wichtig:

- Regeln, die gemeinsame Bereiche im Kindergarten, wie z. B. die Vorhalle oder den Garten betreffen, müssen im Team gemeinsam beschlossen werden. Dasselbe gilt für Regeln, die in der Konzeption des Kindergartens schriftlich festgehalten werden.
- Die Kolleg/innen sollten sich darüber austauschen, welche Regeln in den einzelnen Gruppen gelten und wie sie den Umgang mit Regeln handhaben. Daraus können sich Anregungen für die eigene Arbeit ergeben.
- Regeln, die in einem Kindergarten schon länger bestehen, sollten dahingehend überprüft werden, ob sie dem Bild, das der Kindergarten nach außen vermitteln möchte, noch angemessen sind.
- Im Team sollte erarbeitet werden, welches Bild vom Kind und welche pädagogische Orientierung den gültigen Regeln zu Grunde liegen.

Nehmen Sie sich Zeit, diese Anregungen mit Ihren eigenen Ideen und Überlegungen zu ergänzen.

Alltagssituation: Hunde müssen draußen bellen

Die fünfjährige Petra fragt die gleichaltrige Lena: „Spielen wir Mama und Baby?" Lena antwortet: „Ja, du bist das Baby und ich die Mama." Petra: „Nein, ich will die Mama sein." Lena: „Gut, dann sind wir beide Mamas." Petra ist einverstanden und beide gehen in den Familien- und Wohnbereich. Lena befestigt ein rotes Tuch am Eingang zum Familien- und Wohnbereich. Das bedeutet, dass dieser Bereich besetzt ist. Wer mitspielen möchte, muss die Kinder fragen, die bereits dort spielen.
Beide Mädchen ziehen Röcke und Schuhe an und beginnen zu telefonieren und zu kochen. Die Puppe Elisabeth ist das Baby und muss im Bett schlafen.
Der vierjährige Hansi steht vor dem Familienbereich und beobachtet die beiden. Dann geht er hinein und nimmt sich einen Feuerwehrhelm. Lena startet auf ihn hin und sagt in strengem Ton: „Du darfst nicht mitspielen, du hast nicht gefragt." Hansi schweigt. Lena: „Du musst uns fragen." Hansi, leise: „Darf ich mitspielen?" Lena: „Nein." Hansi: „Bitte!" Inzwischen ist Petra dazu gekommen und sagt: „Gut, aber du bist das Baby."

Hansi überlegt kurz, dann willigt er ein. Lena sagt: „Nein, er ist der Hund.“ Hansi ist auch damit einverstanden und es scheint, als ob ihm diese Rolle besser gefallen würde.
Nach einiger Zeit sagt Lena: „Der Hund braucht eine Hundehütte, der darf nicht in der Wohnung schlafen.“ Petra: „Wir nehmen einen Tisch und legen eine Decke drüber.“ Lena ist von der Idee begeistert und schaut sich nach einem Tisch um. Es ist aber keiner frei. Sie kommt zu mir: „Du, wir brauchen einen Tisch.“ Ich frage nach dem Grund. „Wir bauen eine Hundehütte und es ist kein Tisch frei.“ Jetzt frage ich Lena, was sie tun könnte. Petra hat inzwischen schon die Initiative ergriffen und Michi davon überzeugt, dass sie jetzt ihren Tisch braucht und sie dafür mitspielen darf. Sie darf auch ein Hund sein. Daraufhin bauen alle vier mit Decken und Pölstern eine Höhle außerhalb des Familien- und Wohnbereiches.
Bei uns ist es durchaus üblich, dass die Kinder auch außerhalb der Bereiche spielen oder Materialien aus unterschiedlichen Bereichen vermischen dürfen. Nachdem die Kinder fertig sind, gehen die zwei Hunde in die Hütte. Lena holt aus dem Waschraum Wasser für die Hunde. Zu Beginn des Jahres ist dies in unserer Gruppe noch nicht erlaubt. Ich sage: „Eigentlich ist es nicht erlaubt, Wasser in die Puppenwohnung zu holen. Wozu brauchst du denn das Wasser?“ Lena sagt, dass die Hunde Durst haben und Wasser brauchen. Ich: „Besprechen wir das, hol auch die anderen Kinder her.“
In einem Gespräch klären wir diese Situation. Die Anforderung an die Kinder ist, dass sie aufwischen, wenn sie ausschütten. Zufrieden spielen sie weiter und die Hunde bekommen ihr Wasser.

Durch dieses intensive Spiel angelockt kommen noch zwei weitere Hunde dazu und die Mütter sind Hundemütter. Sie laufen auf allen Vieren durch die Gruppe und bellen. Es wird laut, ich halte mich aber zurück und beobachte den Rest der Gruppe, ob die Kinder sich gestört fühlen. Als die Hunde immer lauter werden, sagt Sonja zu mir: „Die sind so laut!" Daraufhin hole ich sie zu mir: „Der Lärm stört mich und die Kinder beim Spielen. Was könnten wir tun?" Petra meint, dass Hunde nun mal so laut sind und dass sie ja auf den Gang hinausgehen könnten. Ich finde diese Idee gut und alle Hunde gehen auf den Gang und bellen dort laut.
Bevor die Kinder hinausgehen, befestigen sie Magneten mit ihren Zeichen an der Tür zum Gang, damit alle wissen, wo sie sich befinden.

Beim Umgang mit Regeln bzw. in dieser Alltagssituation werden unter anderem folgende Kompetenzen angesprochen:

Selbstkompetenz

- *Förderung von Kreativität durch immer neue Ideen im Spiel und durch Änderungsvorschläge, die Regeln betreffend.*
- *Das Selbstbewusstsein der Kinder wird gestärkt, indem ihre Vorschläge ernst genommen und die Regeln verändert werden. Außerdem müssen die bereits spielenden Kinder gefragt werden, wenn ein anderes Kind mitspielen will.*
- *Die Fähigkeit zur Abgrenzung wird dadurch gefördert, dass die Kinder selbst bestimmen können, wer mitspielen darf und auch nein sagen dürfen. Ein Kind sagt, dass ihm das Spiel der anderen zu laut ist.*
- *Förderung der Fähigkeit zur Selbstbehauptung: Die Kinder vertreten der Kindergartenpädagogin gegenüber ihre Interessen, die mit den bestehenden Regeln nicht vereinbar sind.*
- *Die Kinder übernehmen durch die Änderung einer bestimmten Regel Verantwortung für ihr eigenes Tun – sie verpflichten sich aufzuwischen, falls sie etwas verschütten.*
- *Förderung des langfristigen Denkens und Planens, wenn Kinder selbst überlegen, was die Konsequenzen ihrer Handlungen sein könnten und was sie tun werden, wenn z. B. Wasser verschüttet wird.*

Sozialkompetenz

- *Die Kinder beweisen Konfliktkultur: Als das Bellen der Hunde zu laut wird, machen die Kinder den Vorschlag, hinauszugehen, um die anderen nicht zu stören.*
- *Kommunikations- und Kooperationsfähigkeit werden durch den Dialog zwischen Kindern und Kindergartenpädagogin und das gemeinsame Aushandeln neuer Regeln gefördert.*
- *Durch ihre Haltung und die Akzeptanz der Vorschläge der Kinder fördert die Kindergartenpädagogin den respektvollen Umgang miteinander.*
- *Die Kinder beweisen Einfühlungsvermögen, indem sie akzeptieren, dass die anderen Kinder durch den Lärm gestört werden.*

Sachkompetenz

- *Durch den Umgang mit Wasser oder das Bauen der Höhle unter dem Tisch lernen die Kinder physikalische Zusammenhänge kennen, sammeln Sacherfahrungen und lernen, diese zu verbalisieren.*
- *Durch das Aufstellen neuer Regeln lernen die Kinder, gedankliche Entwürfe zu erstellen und Möglichkeiten vorwegzunehmen.*

Die Analyse des Beispiels bzw. des Umgangs mit Regeln macht folgende transaktionale Aspekte sichtbar:

Tranksaktionale Prozesse

- *Objektivieren: Die Kinder müssen sich an bereits geltende sowie an neu ausverhandelte Regeln halten und damit an bestimmte Vorgaben anpassen. Sie verlassen den Raum, weil es anderen zu laut ist.*
- *Subjektivieren: Die Kinder subjektivieren, indem sie die geltenden Regeln in Absprache mit der Kindergartenpädagogin ihren eigenen Bedürfnissen entsprechend verändern.*
- *Aneigenen: Die Kinder lernen zu Beginn des Jahres neue Regeln kennen, die den Alltag prägen, wie z. B. Symbole in verschiedenen Bereichen.*
- *Vergegenständlichen: Die Kinder erfinden Rollenspiele und bauen eine Höhle. Sie kreieren eigene Regeln, die in die Realität umgesetzt werden.*

Schmetterlinge im Bauch

Die Auseinandersetzung mit Gefühlen ist im Kindergarten allgegenwärtig. Schon der Einstieg in den Kindergarten ist für alle Betroffenen mit verschiedenen Gefühlen verbunden: Angst, Trauer, Unsicherheit, aber auch Freude und Stolz begleiten Kinder, Eltern und die Kindergartenpädagogin durch die erste Zeit. Im Kindergarten werden Freundschaften geschlossen und Konflikte ausgetragen.

Gefühle begleiten unser Leben

Gefühle begleiten uns in allen Lebenssituationen und beeinflussen – bewusst oder unbewusst – alle unsere Handlungen und Interaktionen. Gefühle bestimmen unser ganzes Leben. Schon vor der Geburt wirkt sich der emotionale Zustand der Mutter auf das Ungeborene aus.

Entwicklungspsychologische Grundlagen

Das limbische System

Gefühle sind im limbischen System, dem ältesten Teil unseres Gehirns, lokalisiert. Sie haben sich im Laufe der Evolution lange vor der Sprache und anderen kognitiven Funktionen entwickelt. Deshalb spüren wir Gefühle früher als wir sie mit unserem bewussten Denken wahrnehmen können.

Körperliche Reaktionen

Gefühle gehen mit körperlichen Reaktionen einher, die durch das vegetative Nervensystem gesteuert werden: Dazu zählen unter anderem Herzklopfen, Zunahme der Atemfrequenz, Schwitzen und erhöhte Anspannung der Muskulatur (Guttmann, 1982).

Emotionalität heißt Lebendigkeit

Kinder zeigen Gefühle direkt

Kinder verfügen über ein ausgeprägtes Selbstverständnis, ihre Gefühle zu zeigen und auszuleben. Je nach Temperament des Kindes sind diese Gefühlsäußerungen unterschiedlich. Der authentische Ausdruck von Gefühlen ist unerlässlich für eine gesunde psychische und physische Entwicklung und hilft, prägende Erfahrungen einordnen und verarbeiten zu können. Gefühle drücken Lebendigkeit aus und sind wichtige Kommunikationsmittel für einen intensiven und offenen Austausch mit der Umwelt.

Das Unterdrücken von Gefühlen kann krank machen

Wenn Kinder dazu angehalten werden, ihre Gefühle zu verbergen und zu unterdrücken, so kommen diese unbewusst auf andere Art und Weise zum Ausdruck: Manche Kinder neigen zu Verhaltensauffälligkeiten, wie z. B. Rückzug oder Aggressionen, andere zeigen psychosomatische Reaktionen, wie z. B. Kopfschmerzen oder Magen-Darm-Probleme.

Eltern und anderen Bezugspersonen bereitet es meist keine Probleme, mit „positiven" Gefühlsäußerungen von Kindern – etwa Freude, Ausgelassenheit oder Genussfähigkeit – umzugehen. Wut und Zorn, Angst und Trauer sind hingegen Gefühle, die Erwachsene nicht so leicht zulassen können.

Wut

Das Gefühl der Wut ist in unserer Gesellschaft häufig unerwünscht. Kinder erleben oft sehr negative Reaktionen auf ihre Wutäußerungen oder werden dafür bestraft.

Wut ist für das Kind ein wichtiges Gefühl, das ihm zeigt, dass es hilflos ist und mit einer Situation nicht zurechtkommt. Dem Kind fehlt vielleicht auch die sprachliche Kompetenz, um seine Gefühle differenziert in Worte zu fassen. Stattdessen werden sie unmittelbar ausgelebt – das Kind ist zornig, hat vielleicht sogar einen Wutanfall. Die Wut ist Ausdruck eines Gefühles, das nicht anders artikuliert werden kann.

Wut zeigt, dass etwas nicht stimmt

Wenn Wut und Zorn unterbunden oder bestraft werden, bleiben Frustration und das Gefühl, nicht verstanden zu werden, zurück. Kinder lernen, dass ihre Gefühle nicht in Ordnung sind und könnten Schuldgefühle entwickeln. Deshalb sollte es das Ziel von Erwachsenen sein, Kinder zu ermuntern, ihre Gefühle auszudrücken. Sie sollten mit ihnen über Gefühle sprechen und sie dabei unterstützen, ihre Wut so auszuleben, dass weder sie selbst noch jemand anderer dadurch zu Schaden kommen.

Wut darf ausgelebt werden

Angst

Das Gefühl der Angst ist lebenserhaltend, denn es warnt uns vor einer Bedrohung oder Gefahr. Angst haben heißt, sich selbst oder andere schützen zu wollen. Um dieses Bedürfnis nach Schutz empfinden zu können, ist es notwendig, sich als eigenständige Person zu erleben sowie sich und andere als wertvoll und damit schützenswert zu erkennen.

Angst schützt

Kinder zwischen dem dritten und vierten Lebensjahr haben das Bewusstsein, eine eigenständige Person zu sein, bereits entwickelt. Sie können sich zunehmend vorstellen, was in einer bestimmten Situation passieren könnte und empfinden daher so manches als bedrohlich. Durch das magische Denken, das in diesem Alter entwicklungstypisch ist, leben

Fantasie kann ängstigen

die Kinder stark in einer Fantasiewelt. Fantasie und Wirklichkeit werden miteinander vermischt. Verschiedene Fantasiegestalten, die in den Köpfen der Kinder herumspuken, können ihnen Angst machen.

In der Entwicklungspsychologie werden noch weitere entwicklungstypische Angstzustände, wie z. B. Dunkelangst und Angst vor dem Alleinsein, beschrieben.

Ängste ernst nehmen

Alle Ängste der Kinder müssen ernst genommen und respektiert werden. Die Kinder müssen erfahren, dass ihnen zugehört wird und dass sie über ihre Ängste und Fantasien reden dürfen und sollen. Hilfreich kann für Kinder die Erkenntnis sein, dass auch Erwachsene manchmal Angst haben oder diese von ihren eigenen kindlichen Ängsten erzählen. In der geschlechtssensiblen Pädagogik wird darauf hingewiesen, dass auch Buben Angst zulassen und ausdrücken sollen.

Wenn Kinder das Gefühl haben, dass ihre Ängste nicht ernst genommen werden, hören sie auf, darüber zu sprechen und suchen andere Ausdrucksmittel. Jahrelang aufgestaute oder verdrängte Ängste belasten das Kind immer mehr und können die Ursache für psychosomatische Beschwerden oder Suchtmittelkonsum sein.

Traurigkeit

Trauer hilft, Verluste zu verarbeiten

Kinder erleben immer wieder Verluste oder Trennungen: Eine Freundschaft geht zu Ende, ein geliebtes Spielzeug wird verloren, die Oma stirbt, die Eltern trennen sich. Trauer und Schmerz sind die natürlichen emotionalen Reaktionen auf solche Erlebnisse. Durch die Trauer werden die Selbstheilungskräfte des Kindes aktiviert. Auch Buben sollte es erlaubt sein, zu weinen und traurig zu sein.

Trauer und Tränen sollten niemals unterdrückt werden. Trauerprozesse können nicht durch Ablenkung oder Geschenke verkürzt werden. Wenn Kinder sich niemals ausweinen dürfen, entsteht im Extremfall sogar so ein großer Kummer, dass sich eine Depression entwickeln kann.

Trost und Nähe

Trost durch Erwachsene oder andere Kinder hilft, mit der Traurigkeit fertig zu werden. In einem Gespräch sollte das betroffene Kind die Möglichkeit bekommen, über seine Traurigkeit zu sprechen. Das Gefühl, nicht alleine zu sein und verstanden zu werden, kann heilsam wirken. (Vgl. Informationsstelle für Suchtprävention der Stadt Wien, o.J.)

Aufgaben im Kindergarten

Im Kindergarten erleben die Kinder vielfältige soziale Beziehungen und Gefühlserfahrungen. Der Kindergarten hat die Aufgabe, einen geschützten Rahmen zu bieten, in dem die Kinder ihre Gefühle ausdrücken können. Deshalb ist es wichtig, dass sich die Kindergartenpädagogin bewusst mit dieser Thematik auseinandersetzt. Sie sollte Alltagssituationen dazu nützen, Gefühle zu thematisieren und darüber zu sprechen. Bilderbücher, Geschichten, Spiele und Lieder zum Thema „Gefühle" sind dabei hilfreich. Die Kinder sollen lernen, ihre Gefühle wahrzunehmen und den anderen gegenüber zu verbalisieren.

Gefühle thematisieren

Im Kindergarten ist der wertfreie und offene Umgang mit Gefühlen ein wesentlicher Aspekt der pädagogischen Arbeit, damit Kinder lernen, auf kompetente Weise mit ihren Gefühlen umzugehen.

Besonders intensive Gefühlserfahrungen machen Kinder in Freundschaften mit anderen. Im Kindergarten haben sie die Möglichkeit, sich mit anderen Kindern anzufreunden. Dabei entstehen meist auch kleinere und größere Konflikte, die die Kinder oft selbst bewältigen müssen, da nicht – wie in der Familie – ständig eine erwachsene Bezugsperson präsent ist. Die Kinder geraten oft in Auseinandersetzungen mit anderen Kindern um Spielbereiche und Spielsachen. Diese Konflikte werden von ihnen als schwer wiegend empfunden (Prang, 2001).

Streit ist ganz normal

Grundsätzlich sollte die Kindergartenpädagogin Konfliktsituationen zunächst beobachten und nicht sofort eingreifen, um den Kindern die Chance zu geben, selbst Bewältigungsstrategien zu entwickeln. Wenn es aber zu körperlicher Gewalt kommt, ist die Unterstützung durch die Kindergartenpädagogin unbedingt notwendig. Solche Situationen sollten für die Entwicklung einer positiven Konfliktkultur im Kindergarten genützt werden.

Umgang mit Konfliktsituationen

Körperliche Gewalt

Im Kindergarten werden von der Kindergartenpädagogin häufig nur jene Konflikte bemerkt, die laut werden oder in körperliche Gewalt münden.

Schlagen, Beißen und Kratzen sind bei jungen Kindern häufig ein Zeichen von Hilflosigkeit. Sie sind noch nicht fähig, ihre Gefühle zu kontrollieren und zu verbalisieren. Aber auch bei älteren Kindern im Kindergarten darf nicht vorausgesetzt werden, dass sie in solchen Situationen zur Impulskontrolle fähig sind.

Hauen als Zeichen von Hilflosigkeit

Schimpfen

Schimpfwörter helfen, Dampf abzulassen

Schimpfwörter sind ein Ausdruck von Ärger und Zorn und können helfen, einen Konflikt auszuleben, ohne auf körperliche Gewalt zurückgreifen zu müssen. Daher sollte es auch im Kindergarten erlaubt sein, diese Form der Bewältigung anzuwenden. Wichtig ist es, den Kindern zu vermitteln, dass andere dadurch verletzt oder gekränkt werden können.

Sprache als Provokation

Schimpfwörter werden von Kindern aber auch oft nur nachgesagt, ohne dass sie sich der Bedeutung der Wörter bewusst sind. Erst durch die Reaktion der Erwachsenen erkennen sie, dass sie damit etwas bewirken können. Sie lernen, mit Schimpfwörtern die Aufmerksamkeit ihrer erwachsenen Bezugspersonen zu erregen und zu provozieren.

Gruppendynamische Prozesse können im Kindergarten aber auch zu Situationen führen, in denen die Kinder ohne konkreten Anlass übermäßig Schimpfwörter gebrauchen, indem sie andere Kinder nachahmen oder sich ins Schimpfen hineinsteigern. Das sollte aufgegriffen und mit den Kindern besprochen werden.

Konstruktive Konfliktkultur

Konstruktive Konfliktbewältigung als Entwicklungschance

Eine konstruktive Konfliktkultur fördert das soziale Miteinander sowie eine angenehme Atmosphäre in der Gruppe und bietet den einzelnen Kindern vielfältige Chancen für die Entwicklung von Selbst- und Sozialkompetenz.

Bei Konflikten spielen Gefühle eine bedeutende Rolle. Die Auseinandersetzung mit Gefühlen ist eine wesentliche Voraussetzung für die Entwicklung einer Konfliktkultur im Kindergarten.

Zurückhaltung ist wichtig

Konflikte im Kindergartenalltag können von der Kindergartenpädagogin nicht immer bemerkt werden. Nimmt sie Konflikte der Kinder wahr, sollte sie zunächst zurückhaltend sein und beobachten, wie sich dieser Prozess entwickelt. Durch ihre Zurückhaltung gibt sie den Kindern die Möglichkeit, selbst Bewältigungsstrategien zu finden und umzusetzen.

Beobachtet sie Situationen, in denen ein Kind aus Hilflosigkeit oder Mangel an Selbstkompetenz nicht fähig ist, seine Bedürfnisse auszudrücken, oder wird körperliche Gewalt angewendet, ist ihre Unterstützung wesentlich.

Der Weg zur Bewältigung

Gemeinsam einen Weg finden

Um eine konstruktive Konfliktkultur in der eigenen Gruppe zu ermöglichen, ist es wichtig, die Kinder mitentscheiden und an diesem Prozess teilhaben zu lassen. Gemeinsam gefundene und von allen Beteiligten akzeptierte Bewältigungsstrategien können besser umgesetzt werden, da jedes Kind seine eigenen Fähigkeiten einbringen kann.

Die Kindergartenpädagogin verhält sich neutral

Die Kindergartenpädagogin sollte sich in Konfliktsituationen neutral verhalten und sich nicht vorschnell ein Urteil von der Situation bilden. Sie kann nur das als Grundlage für ein Gespräch heranziehen, was sie konkret beobachtet hat, und darf sich nicht verleiten lassen zu interpretieren. So kann sie sich wertfrei auf die Situation einlassen und die Kinder erleben, dass sie nicht die „Richterin", sondern die Vermittlerin ist.

Keiner hat „Schuld"

Die Pädagogin sollte bei einem Konflikt zwischen zwei oder mehreren Kindern nicht nach dem „Schuldigen" suchen. Damit würde sie indirekt andeuten, dass das schuldige Kind für diesen Konflikt verantwortlich ist und sich die anderen korrekt verhalten haben. Es sollten alle Beteiligten die Möglichkeit haben, ihre Sichtweise zu schildern, während die anderen zuhören. So erkennen die Kinder, dass jeder seinen Teil zu diesem Konflikt beigetragen hat. Sie können den Konflikt individuell wahrnehmen, bewerten und den Hergang nachvollziehen.

Zuhören ist wichtig

Die Kindergartenpädagogin sollte darauf achten, dass nicht einzelne Kinder – weder von ihr selbst noch von den anderen Kindern – immer die Rolle des Sündenbocks zugeschrieben bekommen. Sie sollte diesem gruppendynamischen Geschehen mit pädagogischen Handlungsschritten entgegenwirken.

Keinem Kind darf sein Konfliktverhalten als unveränderbares Persönlichkeitsmerkmal zugeschrieben werden. Konflikte sind immer das Ergebnis eines Interaktionsgeschehens aller Beteiligten. Es gehört zu den Aufgaben der Kindergartenpädagogin, Kindern verschiedene Möglichkeiten der Konfliktbewältigung aufzuzeigen.

Alle dürfen mitreden

Wichtig ist, dass während eines klärenden Gespräches die Gefühle jedes Einzelnen verbalisiert und gehört werden. Dann können Ideen der Kinder und der Kindergartenpädagogin für eine konstruktive Konfliktbewältigung gesammelt werden, ohne sie zu werten. Alle Beteiligten sollten mit der Bewältigungsstrategie einverstanden sein. Die Kinder sollten genügend Zeit haben, Gefühle wie Kränkung, Trauer, Zorn und Ärger zu verarbeiten und nicht gleich wieder miteinander „gut sein" müssen.

Hat die Kindergartenpädagogin selbst einen Konflikt mit einem Kind, ist es wichtig, dass sie selbst authentisch ist, aber dennoch ihre Beziehung zu dem betroffenen Kind nicht in Frage stellt.

Anregungen für die Planung

Bevor das Kindergartenjahr beginnt, sollten einige Grundüberlegungen hinsichtlich des Umgangs mit Gefühlen und Konfliktsituationen angestellt werden. Ziel sollte immer die Förderung der sozialen Kompetenzen der Kinder sein. Erste Planungsschritte und Überlegungen ermöglichen der Kindergartenpädagogin mehr Sensibilität beim Umgang mit den Gefühlen der Kinder. Gefühle und Konfliktsituationen können dann besser als Bildungssituationen genützt werden, wodurch der positive Austausch zwischen den Kindern, aber auch zwischen Kindern und Pädagog/innen gefördert wird.

- Es sollte darauf geachtet werden, dass die Gefühle und Bedürfnisse der Kinder – sowohl von der Kindergartenpädagogin als auch von den Kindern selbst – verbalisiert und richtig benannt werden.
- Jedes Gefühl der Kinder, positiv oder negativ, sollte wertfrei ernst genommen und zugelassen werden. Die Kindergartenpädagogin sollte nonverbale Signale beobachten und sensibel ausloten, wie viel Nähe oder Distanz ein Kind in seinem aktuellen emotionalen Zustand braucht. Auch das Bedürfnis der Kinder nach Rückzug muss respektiert werden.
- Im Kindergartenalltag muss immer Zeit sein, emotional wichtige Situationen zu besprechen. Solche Möglichkeiten sollten sowohl unmittelbar als auch geplant, z. B. in der täglichen Abschlussrunde, vorgesehen sein. Bei diesen Gesprächen sollte ein Klima des Wohlwollens, der Akzeptanz und des Vertrauens herrschen.
- Inhalt solcher Gespräche ist auch das gemeinsame Erarbeiten von Bewältigungsvorschlägen und Verhaltensalternativen.
- Grundhaltungen, wie z. B.: „Kein Kind soll ausgelacht oder verspottet werden" werden verbalisiert, besprochen und eingefordert.
- Ein wichtiger Aspekt der Planung ist die Gestaltung der Umgebung:
  - Es sollten „Entladungsmöglichkeiten" bereit gestellt werden, wenn Kinder sehr wütend oder aggressiv reagieren – z. B. auf einen Polster oder Sandsack hauen, auf der Werkbank Nägel einschlagen und Ähnliches.

  - Es muss auch Bereiche geben, in die die Kinder sich zurückziehen können, um zu schmollen, traurig zu sein etc. Diese Bereiche sollten gemütlich gestaltet und nicht unmittelbar einsehbar sein.
  - Für Gespräche in gemütlicher, angenehmer Atmosphäre ist ein Ort, an dem man sich zusammensetzen kann, ohne z. B. Möbel verschieben zu müssen, geeignet.
- Während des Kindergartenjahres können immer wieder gezielte Angebote gesetzt werden, die den Kindern helfen, Gefühle bei sich selbst und anderen wahrzunehmen und den Umgang damit zu üben, z. B. eine Gefühlsuhr in der Gruppe aufhängen.
- Die Kindergartenpädagogin sollte darauf achten, dass vor Phasen der Konzentration Bewegungsmöglichkeiten gegeben sind.
- Geplante Tobe- oder Raufzeiten im Bewegungsraum und wiederholtes Hinausgehen in den Garten wirken präventiv und beugen Konflikten vor, die z. B. durch Bewegungsmangel oder räumliche Enge im Gruppenraum entstehen können.
- Die Kindergartenpädagogin sollte im Sinne des transaktionalen Ansatzes aktuelle Gefühle der Kinder oder Konfliktsituationen aufgreifen und Bilderbücher, Geschichten, Lieder etc. zu diesen Themen anbieten.
- Der Kindergartentag sollte durch eine gute Organisation und ein großzügiges Zeitmanagement so ablaufen, dass Stress und Spannungen vorgebeugt wird. Es ist wichtig, dass die Kindergartenpädagogin z. B. auf gleitende Übergänge achtet und gemeinsame Aktivitäten so plant, dass die Kinder so wenig wie möglich in ihrem konzentrierten Tun unterbrochen werden.

Fragen zur Reflexion

Zur Reflexion hinsichtlich ihres Umganges mit Gefühlen und Konflikten im Kindergartenalltag sollte sich die Kindergartenpädagogin folgende Fragen stellen:

- Setze ich mich mit Theorien über die emotionale Entwicklung im Kleinkindalter sowie über Konfliktentstehung und -management auseinander?
- Nehme ich mir genug Zeit, um die Gefühle der Kinder wahrzunehmen und sie – wenn nötig – zu besprechen?
- Spreche ich meine eigenen Gefühle und die der Kinder an?

- ❍ Haben die Kinder die individuelle Möglichkeit, ihre Gefühle auszudrücken?
- ❍ Gestehe ich mir zu, dass ich nicht alle Kinder gleich gern habe? Bemühe ich mich, zu jedem Kind eine individuelle emotionale Beziehung herzustellen?
- ❍ Wie erlebe ich Konflikte in der Gruppe? Kann ich sie als normale Begleiterscheinung im Gruppengeschehen akzeptieren oder stehe ich ihnen ablehnend gegenüber und kann daher nicht wertfrei damit umgehen?
- ❍ Betrachte ich Konflikte in meiner Gruppe als pädagogisches Versagen und scheue daher im Team eine Diskussion darüber?
- ❍ Lasse ich den Kindern in Konfliktsituationen Raum, ihre Argumente und Erklärungen vorzubringen und ist es mir möglich, diese ohne Wertung anzuhören?
- ❍ Wie gehen die Kinder in meiner Gruppe miteinander um? Ist die Atmosphäre vertrauensvoll, sodass Kinder sich geschützt fühlen?
- ❍ Kann ich aggressive Verhaltensweisen einzelner Kinder zulassen – z. B. auf einen Polster hauen, schreien, schimpfen – und ihnen so beim Abbau ihrer Spannungsgefühle helfen?
- ❍ Bin ich mir bewusst, dass ich durch meine Aufmerksamkeit Verhaltensweisen der Kinder verstärke, indem ich z. B. bei Konflikten zuerst mit dem scheinbaren Aggressor schimpfe, bevor ich den Sachverhalt kläre?
- ❍ In welchen Situationen oder zu welchen Tageszeiten treten besonders viele Konflikte auf? Ist es möglich, diesen durch Änderungen in der Raumgestaltung oder im Tagesablauf vorzubeugen?
- ❍ Bin ich mir bewusst, dass ich hinsichtlich des Umganges mit Gefühlen und Konfliktsituationen ein wichtiges Vorbild für die Kinder bin?
- ❍ Kann ich mit bestimmten Gefühlszuständen der Kinder nicht umgehen? Wenn ja, was sind die Ursachen dafür – etwa meine eigene Erziehung und meine persönlichen Erfahrungen? Bin ich bereit, mich damit auseinander zu setzen?
- ❍ Welche Strategien habe ich für meine eigene psychische Gesundheit?

Eltern- und Öffentlichkeitsarbeit

Besonders im Umgang mit Gefühlen ist der Einfluss und das Vorbild der Herkunftsfamilie wichtig. Die Eltern müssen deshalb unbedingt in die pädagogische Arbeit miteinbezogen werden.

Die Bedeutung von Gefühlen thematisieren

Die Elternarbeit sollte Informationen über die Bedeutung der kindlichen Gefühle beinhalten. Schwerpunktmäßig können einzelne Themen an einem Elternabend erarbeitet werden, wie z. B. der Umgang mit Streit, Angst oder Eifersucht. Für die Eltern sollte transparent und verständlich werden, welch unglaubliches Bildungspotenzial in emotionalen Austauschprozessen steckt. Dabei ist der Einsatz geeigneter Medien wichtig – so kann z. B. mit einem Film aus dem Kindergartenalltag gezeigt werden, wie ein Konflikt entsteht und wie im Kindergarten damit umgegangen wird.

Bei Elternabenden können die Themen Konflikte, Gewalt und Aggression enttabuisiert werden, indem darüber gesprochen und über Ziele und Methoden diskutiert wird. Ein gemeinsamer Konsens mit den Eltern begünstigt einen konstruktiven Umgang mit Konflikten, vor allem in Kindergartengruppen mit hoher Konflikt- und Gewaltbereitschaft.

Sensibler Umgang mit Eltern

Wichtig ist, dass die pädagogischen Prinzipien der Kindergartenarbeit auch im Umgang mit den Eltern gelebt werden. Auch unter den Erwachsenen muss Zeit bleiben, sich über Gefühle auszutauschen oder eventuelle Konflikte und Unzufriedenheiten anzusprechen. Ein Klima der Offenheit und gegenseitigen Wertschätzung erleichtert es dabei, aufeinander zuzugehen. Ein geeignete Möglichkeit ist, eine fix eingeplante Elternsprechstunde anzubieten.

Die Kindergartenpädagogin sollte sich bei den Eltern über individuelle Verhaltensweisen der einzelnen Kinder und die Reaktionen der Eltern darauf informieren, um die Kinder in emotional besetzten Situationen individuell unterstützen zu können.

Die Kindergartenpädagogin sollte ihre Fachkompetenz einsetzen, um die Eltern bei Problemen mit ihren Kindern zu beraten, ihnen Gespräche anzubieten und sie, wenn notwendig, an Expert/innen weiterzuleiten.

Teamarbeit

Für die Arbeit im Team sind folgende Aspekte wichtig:

- Für das Klima im Kindergarten ist es prägend, wie die Kolleg/innen miteinander umgehen: Wenn im Team Vertrauen und gegenseitige Achtung vorherrschen, kann eine solche Atmosphäre auch den Kindern stimmiger vermittelt werden.
- In Teamsitzungen sollte ein fixer Programmpunkt für den Austausch der Kolleg/innen hinsichtlich ihrer Befindlichkeit in der eigenen Gruppe vorgesehen sein.

- ❍ Eine vertrauensvolle Atmosphäre im Team ermöglicht es, Konflikte in den einzelnen Gruppen im Team anzusprechen. Einer betroffenen Kollegin sollte durch aktives Zuhören und Einbringen verschiedener Sichtweisen Unterstützung gegeben werden. Eine Kollegin des Vertrauens könnte als Beobachterin einen gewissen Zeitraum in der Gruppe verbringen. Zur Klärung kann gegebenenfalls professionelle Hilfe, etwa im Rahmen einer Supervision, in Anspruch genommen werden.
- ❍ Wenn Konflikte zwischen einzelnen Kolleg/innen auftreten, dürfen diese nur auf sensible Weise in einem geschützten Rahmen besprochen werden.Teamkonflikte können mit fachlicher Unterstützung im Rahmen einer Teamsupervision behandelt und bewältigt werden.
- ❍ Die Leiterin sollte für klärende Einzelgespräche mit Kolleg/innen zur Verfügung stehen, die vertraulich behandelt werden müssen.
- ❍ Die Leiterin des Kindergartens könnte z. B. mit einem anonymen Feedback-Bogen oder einem Briefkasten für Wünsche und Anregungen überprüfen, ob in ihrem Team eine vertrauensvolle Atmosphäre herrscht und sie für die Kolleg/innen eine Ansprechpartnerin ist.
- ❍ Zur Förderung des Zusammengehörigkeitsgefühls im Team können gemeinsame Aktivitäten in der Dienstzeit geplant werden, wie z. B. ein monatliches Café.
- ❍ Für den Umgang mit Konflikten, die Kinder, Eltern oder Kolleg/innen betreffen, könnte ein Kommunikationstraining unter Anleitung eines Experten im Kindergarten geplant werden.
- ❍ Persönlichkeitsbildende Seminare sollten von Kindergartenpädagog/innen und Leiterinnen besucht werden, um mit schwierigen Situationen im Kindergartenalltag besser umgehen zu können.

Nehmen Sie sich Zeit, diese Anregungen mit Ihren eigenen Ideen und Überlegungen zu ergänzen.

Alltagssituation: „Du bist nicht mehr meine Freundin!"

Ein Aufschrei der fünfjährigen Veronika, die seit einiger Zeit mit Marie und Clemens, beide vierjährig, mit den Kapplasteinen baut, lenkt meine Aufmerksamkeit auf sie. „Du bist urblöd, Marie!", ruft Veronika und beginnt zu weinen. „Schau, was du gemacht hast," sagt sie noch und zeigt auf die umgeworfenen Steine.

Ich gehe zu ihnen hin und nehme Veronika zu mir, um sie zu trösten. Sie ist von Marie gezwickt worden. Diese ist inzwischen zum Zeichentisch gegangen. Als Veronika nicht mehr weint, meine ich, dass Marie zu uns kommen soll.
Ich fordere Veronika auf, Marie zu fragen, warum sie sie gezwickt hat. Marie, etwas verlegen: „Weil du nicht mehr meine Freundin bist." Ich frage Marie, ob sie das ärgert oder traurig macht, fordere sie also auf, ihre Gefühle zu verbalisieren. „Ich bin traurig", sagt sie und beginnt auch zu weinen. „Ja, weil du mir alles umgeworfen hast," schreit Veronika, jetzt auch sichtlich betroffen, „da bin ich auch traurig." Beide erkennen, dass sie die andere traurig gemacht haben. Marie zeigt noch mehr Betroffenheit, als sie die blaue Stelle auf Veronikas Arm sieht.
Ich halte beide dazu an, den Dialog fortzuführen. Auslöser für den Konflikt war, dass Marie unabsichtlich einen Teil von Veronikas Bauernhoftieren umgeworfen hat. Ich fasse die Lage nochmals zusammen und frage beide, was sie jetzt tun könnten. Clemens steht daneben und meint: „Ich könnte dir beim Aufbauen helfen," doch Veronika lehnt ab, anscheinend will sie es selbst tun. „Ich will alleine spielen." Marie fragt: „Kann ich mitbauen, wenn ich aufpasse?" „Nein", meint Veronika, „ich mach's alleine." Ich frage Veronika, ob sie denn auf Marie böse sei. „Ja," sagt sie. Als ich Marie frage, ob sie böse auf Veronika sei, meint sie: „Nein." Jede braucht ihre Zeit, um zu verzeihen.

Zu unseren Gruppenregeln gehört, dass die Gefühle anderer Kinder respektiert werden. Veronikas Ärger ist noch da, sie entscheidet selbst, wann sie verzeiht und sich wieder mit ihrer Freundin versöhnt. Marie fragt Veronika, wie lange sie böse sein und nicht mit ihr spielen wird. „Bis morgen." Marie schaut traurig und ich tröste sie. Sie kuschelt sich an mich und sagt: „Ich hab's ja nicht gesehen." Mein Trost hilf ihr ein wenig. Bewusst fordere ich Veronika nicht auf, ihr zu verzeihen, denn diesen Prozess soll jedes Kind selbst bestimmen dürfen. Gefühle kann niemand abschalten, aber sie verändern sich mit der Zeit. Die Kinder lernen, das auszuhalten. Ich sage zu Marie, um ihr zu helfen: „Vielleicht spielt sie schon früher mit dir, das hab ich schon häufig bei Veronika bemerkt."
Traurig geht Marie zu Clemens und fragt ihn, ob sie etwas gemeinsam bauen. Veronika ist auch einverstanden, dass sie sich einen Teil der Bausteine nehmen, und baut alleine weiter. Nach einer Viertelstunde spielen alle drei wieder gemeinsam. Ich gehe zu ihnen und frage Veronika, ob sie nicht mehr böse sei. „Nein," sagt sie und lacht Marie an. Ich fordere beide auf, einander im Sinne unseres Gruppenrituals nach beigelegten Konflikten zum Zeichen der Versöhnung die Hand zu geben. Sie geben einander die Hand und lachen und ich frage: „Habt ihr euch wieder lieb?" Marie gibt Veronika ein Bussi – bis zum nächsten Konflikt.

In dieser Alltagssituation werden unter anderem folgende Kompetenzen angesprochen:

Selbstkompetenz

- *Die Kinder lernen, ihre Gefühle zu verbalisieren, indem die Kindergartenpädagogin Konflikte nicht für sie löst, sondern sie dazu auffordert, ihren Gefühlen nachzuspüren und sie einander mitzuteilen.*
- *Förderung von Selbstbewusstsein und Identitätsentwicklung, da jedes Kind erfährt, dass seine Gefühle „richtig" sind und ernst genommen werden und es selbst bestimmen darf, wann es z. B. bereit ist zu verzeihen.*
- *Verbesserung der sprachlichen Fähigkeiten und der Kommunikation untereinander, indem die Kinder über ihre Gefühle sprechen und den Hergang von Konflikten sowie Bewältigungsmöglichkeiten erörtern.*

- *Förderung der Sensibilisierung: Die Kinder werden dazu angehalten, auf die Bedürfnisse der anderen zu hören und Rücksicht zu nehmen. Sie werden auch dabei unterstützt, auf ihre eigenen Wünsche und Gefühle zu achten.*
- *Förderung der Fähigkeit zur Abgrenzung, da auch Nein-Sagen und Auseinandersetzungen der Kinder untereinander erlaubt sind. So darf z. B. Veronika selbst entscheiden, wann sie Marie verzeiht und wieder mit ihr spielt.*
- *Das Verantwortungsbewusstsein der Kinder wird gefördert, wenn Konflikte miteinander besprochen werden und keine „Schuldigen" festgelegt werden, sondern der Anteil aller Beteiligten berücksichtigt wird.*

Sozialkompetenz

- *Förderung von Konfliktkultur: Konflikte werden nicht von der Kindergartenpädagogin unterbunden oder vorschnell für die Kinder gelöst. Vielmehr werden Auseinandersetzungen besprochen und es wird gemeinsam nach Bewältigungsmöglichkeiten gesucht.*
- *Die Toleranz füreinander wird in den Vordergrund gerückt, indem die Positionen und Gefühle aller respektiert werden.*
- *Förderung von Achtung und Respekt füreinander: Die Kinder erfahren, dass sie auch respektiert werden, wenn sie wütend oder zornig sind.*
- *Förderung von Einfühlungsvermögen: Indem die Kinder einander ihre Gefühle mitteilen, lernen sie, sich in andere einzufühlen und deren Gefühle – etwa Traurigkeit, Angst oder Wut – nachzuvollziehen und zu verstehen.*
- *Durch einen offenen und sensiblen Umgang mit den Gefühlen der Kinder – aber auch der Kindergartenpädagog/innen – entsteht ein harmonisches und respektvolles Gruppenklima, welches wiederum einen geschützten Rahmen für das Äußern von Gefühlen und Bedürfnissen bietet.*
- *Förderung von Verantwortungsgefühl und Regelbewusstsein: Die Kinder lernen, Konflikte selbst beizulegen und halten sich dabei an bestimmte Regeln, wie etwa, dass niemand verspottet oder ausgelacht werden darf oder dass die Gefühle aller respektiert werden müssen.*

Sachkompetenz

- *Durch die selbstständige Konfliktbewältigung wird die Handlungskompetenz der Kinder unterstützt. Sie werden dazu aufgefordert, selbst Bewältigungsvorschläge und Handlungsalternativen zu erarbeiten.*
- *Durch das eigenständige Umgehen mit Konflikten und möglichen Bewältigungsstrategien lernen die Kinder zu planen und eigene Ideen umzusetzen.*

Die Analyse der Alltagssituation macht folgende transaktionale Prozesse sichtbar:

Transaktionale Prozesse

- *Objektivieren: Es gibt Regeln in der Gruppe, wie z. B., dass die Gefühle aller respektiert werden.*
- *Subjektivieren: Die Kinder subjektivieren, indem sie ihre eigenen Gefühle, Bedürfnisse und Vorschläge in den Konfliktbewältigungsprozess einbringen. Sie können ihn dadurch besser akzeptieren und mittragen.*
- *Aneignen: Durch das Vorbild und die Rolle der Kindergartenpädagogin, die den Streit der Kinder nicht unterbindet und zunächst selbst keine Bewältigungsvorschläge macht, sondern die Kinder dazu anhält, ihre Gefühle zu äußern, lernen sie im Rahmen von Aneignungsprozessen, wie mit Konflikten konstruktiv umgegangen wird.*
- *Vergegenständlichen: Veronika stellt einen Bauernhof zusammen. Auch eine gemeinsam gefundene Konfliktbewältigung, die umgesetzt wird, stellt eine Vergegenständlichung dar.*

Literatur

Bundesministerium für Umwelt, Jugend und Familie (o.J.): Elternbriefe Nr. 1-60. Wien: BMUJF.

Deutscher Familienverband (1999) (Hg.): Handbuch Elternbildung, Band 2. Leske & Budrich.

Erikson, E. H. (1973): Identität und Lebenszyklus. Frankfurt: Suhrkamp.

Erziehungsdirektion des Kantons Bern (2000) (Hg.): Lehrplan Kindergarten für den deutschsprachigen Teil des Kantons Bern. Bern.

Gerber, M. (2000): Dein Baby zeigt dir den Weg – mit Kindern wachsen. Freiamt.

Guttmann, G. (1982): Lehrbuch der Neuropsychologie. Bern: Hans Huber.

Hane, W. (2000): Beratungsgespräche mit Eltern bei kindlichen Verhaltensauffälligkeiten. Kissing: WEKA.

Hartmann, W. & Stoll, M. (1996): Mehr Qualität für Kinder. Wien: hpt.

Hartmann, W., Stoll, M., Chisté, N. & Hajszan, M. (2000): Bildungsqualität im Kindergarten. Tranksaktionale Prozesse, Methoden, Modelle. Wien: hpt.

Informationsstelle für Suchtprävention der Stadt Wien (o.J.): Alles okay? Suchtvorbeugung im Kindergartenalter. Wien: MA 15.

Kapfer, A. (1999): Psychomotorik – ein Modetrend oder mehr? In: Unsere Kinder, 01/99, S. 23-26.

Kazemi-Veisari, E. (1991): Sinn und Unsinn von Regeln. In: Kindergarten heute, 5/91, S. 3-6.

Klicpera, C. & Gasteiger Klicpera, B. (1996): Klinische Psychologie. Eine Einführung in die Syndrome psychischer Störungen. Wien: WUV.

Lehr, U. (1978): Die Rolle der Mutter in der Sozialisation des Kindes. Darmstadt: Dr. Dietrich Steinkopff Verlag.

Mussen, P., Conger, J., Kagan, J. & Huston, A. (1993): Lehrbuch der Kinderpsychologie, Band 1. Stuttgart: Klett-Cotta.

Niesel, R. & Griebel, W. (1998): Keine Angst vor Abschieden. In: Kindergarten heute, 7-8/98, S. 7-11.

Oerter, R. (1995a): Kultur, Ökologie und Entwicklung. In: R. Oerter & L. Montada (Hg.), Entwicklungspsychologie. München, Weinheim: Psychologie-Verl.-Union.

Oerter, R. (1995b): Motivation und Handlungssteuerung. In: R. Oerter & L. Montada (Hg.), Entwicklungspsychologie. München, Weinheim: Psychologie-Verl.-Union.

Petermann, F. & Petermann, U. (1993): Training mit aggressiven Kindern. Einzeltraining, Kindergruppen, Elternberatung. Weinheim: Beltz.

Pickler, E. (1997): Miteinander vertraut werden. Erfahrungen und Gedanken zur Pflege von Säuglingen und Kleinkindern. Freiamt: Arbor Verlag.

Prang, Ch. (2001): Mediation im Kindergartenalltag. In: Kindergarten heute, 5/01, S. 19-25.

Ramstorfer, I. (1994): Zur psychologischen Bedeutung des Essens. In: Unsere Kinder, 6/94, S.126.

Ressel, H. (2000): Was Kinder wirklich brauchen. München: Scherz Verlag.

Rollett, B. & Rollett, W. (1999): Die körperliche und psychische Entwicklung der 3- bis 4-Jährigen. In: Deutscher Familienverband (Hg.): Handbuch Elternbildung, Band 2. Leske & Budrich.

Roth, H. (1968): Pädagogische Anthropologie. Band I. Bildsamkeit und Bestimmung. Hannover: Hermann Schwedel Verlag.

Scarr, S. (1990): Wenn Mütter arbeiten. Wie Kinder und Beruf sich verbinden lassen. München: Beck.

Tausch, R. & Tausch, A.-M. (1998): Erziehungspsychologie. Göttingen: Hogrefe.

Utz, K. (1998): Was Sie über kindliches Einnässen wissen sollten. In: Kindergarten heute 2/98, S. 30-33.

Utz, K. (1999): Kindergarten heute spezial. Verhaltensauffälligkeiten bei Kindern – Symptome, Hinweise, Hilfen, S.11-13.

Van Aken, M. (1992): The development of general competence and domanic specific competencies. European Journal of Personality, 6, S. 267-282.

White, R.W. (1959): Motivation reconsidered: The concept of competence. Psychological Review, 66, S. 297-333.

Wolf, B. (1995): Grundmerkmale ökologischer Perspektiven in der Entwicklungspsychologie. In: Psychologie in Erziehung und Unterricht, 42, S. 6-19.

Zimmer, R. (1997): „Ich bin schon groß, Ich kann alleine klettern ...". In: Kindergarten heute, 1/97, S. 6-15.